Bryn Mawr Latin Commentaries

Cicero
Pro   Caelio

Walter Englert

Bryn Mawr Latin Commentaries

Editors

Julia Haig Gaisser
Bryn Mawr College

James J. O'Donnell
University of Pennsylvania

The purpose of the Bryn Mawr Latin Commentaries is to make a wide range of classical and post-classical authors accessible to the intermediate student. Each commentary provides the minimum grammatical and lexical information necessary for a first reading of the text.

ille se profecisse sciat, cui Cicero valde placebit.
You can tell you have made progress when you really like Cicero.

-- Quintilian X. I, 112.

To my Latin 210 students

Introduction

> It is this unanalysable charm that makes the *Pro Caelio* unique. Other speeches are more serious and more eloquent, but here Cicero shows a grace and lightness of touch that even the Greeks could not surpass.
> --R.G.M. Nisbet, "The Speeches"

The *Pro Caelio* ("In Defense of Caelius") is one of Cicero's finest speeches. In it Cicero defends Marcus Caelius Rufus against a series of charges brought against him in 56 BC under the *lex de vi*, the law which dealt with violence against the state. Cicero's defense is a *tour de force*. He defends Caelius by skillfully evading the charges brought against him, and by putting someone else "on trial" in his place: Clodia, the elder sister of his political arch-enemy P. Clodius Pulcher.

Marcus Tullius Cicero

Cicero delivered the speech on April 4, 56 BC, when he was almost fifty years old. At the time he delivered it he could already look back on a life which illustrated the extreme highs and lows of a career in Roman politics during the late Republic. Marcus Tullius Cicero had been born in Arpinum (about 70 miles SE of Rome) in 106 BC, the eldest of two sons in a wealthy equestrian family. Cicero's early career had been exceptional. After receiving an education at Rome in law, oratory, and philosophy in his early teens, and serving briefly in the army during the Social War (90-88 BC), he devoted himself to the study and practice of oratory. He became the leading orator of his day, winning as a young man a series of spectacular court cases which culminated in 70 BC with his successful attack on C. Verres, a former governor of Sicily who had been charged with plundering the province. His success as an orator brought him fame and put many people in his debt, and he moved rapidly through the *cursus honorum*, the series of offices that Roman politicians held as they advanced to the top. He was quaestor in Sicily in 75 BC, aedile in 69 BC, and praetor in 66 BC.

In 64 BC he ran for consul. He was not from a noble family, but he had several other advantages. Many nobles and knights were indebted to him for his oratory in the courts, and his chief rival for the consulship was Catiline, a disgruntled noble who frightened most of the senate. Cicero received senatorial backing, and was elected consul for 63 BC. The consulship was the high point of Cicero's career. Not only did he revel in the glory of being the first *novus homo*, or "new man" (a man from a family that had not held the consulship before) to be elected consul in over 30 years, but he played the leading role in crushing the Catilinarian conspiracy, Catiline's plot to overthrow the government. His defeat of the Catilinarian forces was a political and rhetorical triumph. The senate and Roman people hailed him as *pater patriae*, "the father of his country," and Cicero's position in Roman politics seemed secure. It was not. Pompey, rebuffed by the senate on his return from the east in 62 BC, joined forces with Marcus Crassus and Julius Caesar and formed the first triumvirate. Cicero was a close associate of Pompey, and was invited to join the informal organization as a fourth member. Cicero refused the offer, clinging to his vision of the *concordia ordinum*, or "the harmony of the orders," a Roman government under the control of the senate in which all levels of society worked together for their common interests. His reputation and power suffered a decline.

In 62 BC Cicero was involved in an incident which had drastic effects on his career. P. Clodius Pulcher, the brother of the Clodia whom Cicero attacks in the *Pro Caelio*, had disguised himself as a woman in order to attend the religious mysteries of the *Bona Dea* ("the good goddess"), which were restricted to women. Clodius was prosecuted by political enemies, and Cicero testified against him. Even though he was acquitted, Clodius never forgot what Cicero did, and when he became tribune of the plebs in 58 BC he took revenge. He had a bill passed to outlaw anyone who had put Roman citizens to death without a trial. The bill was directly aimed at Cicero, who as consul in 63 BC had put to death some of the Catilinarian conspirators without trial after the senate had passed a *senatus consultum ultimum* ("final decree of the senate"). Cicero went into exile in Macedonia in March, 58 BC. Clodius passed another bill which banished Cicero by name, confiscated all of Cicero's possessions, had Cicero's house on the Palatine Hill in Rome burned down, and built a shrine dedicated to Liberty in its place. Cicero remained in exile for over a year, terribly depressed. At Rome Pompey worked hard to get Cicero back from exile, and in August, 57 BC a bill to recall him was passed overwhelmingly. On his return to Italy he was greeted by a huge outpouring of affection by all levels of Roman society. Seven months after his return from exile, and feeling confident because of the tremendous support he had received on his return from exile, Cicero delivered the *Pro Caelio*.

The Trial

Marcus Caelius Rufus, the defendant in the case, was born sometime between 88 and 82 BC at Interamnia in Picenum, about 100 miles NE of Rome. Like Cicero, he was the son of a Roman knight. When Caelius was about 16 his father entrusted his upbringing and training to Cicero and the wealthy and influential Roman politician Marcus Crassus. Caelius associated with both for a number of years. In 63 BC he made the acquaintance of Catiline, although he does not seem to have been directly involved in the conspiracy. After serving in Africa under the proconsul Q. Pompeius Rufus in 62 - 61 BC, Caelius returned to Rome and began to make a name for himself as a prosecutor in the courts. In March 59 he successfully attacked Cicero's fellow consul of 63 BC, C. Antonius Hybrida (Cicero defended Antonius in the case), and at about the same time moved to the Palatine Hill, where he became involved with Clodia, Clodius' sister.

Early in 56 BC Caelius prosecuted a Roman named L. Calpurnius Bestia on the charge of *ambitus* (bribery in an election). Cicero defended Bestia, and he was acquitted. Caelius immediately began preparations to attack Bestia on another count of bribery. To head off this attempt, Bestia's son, L. Sempronius Atratinus, prosecuted Caelius on the charge of *vis*, or political violence. Atratinus was supported in his prosecution of Caelius by P. Clodius (probably a freedman of Cicero's enemy P. Clodius Pulcher) and L. Herennius Balbus. Supporting Caelius, and speaking on his behalf, were Cicero and Marcus Crassus. Atratinus brought five separate charges against Caelius: (1) riots at Naples, (2) violence done to the Alexandrians at Puteoli, (3) the property of Palla, (4) the attempted murder of Dio (an envoy sent to Rome by the Alexandrians), and (5) the attempted poisoning of Clodia.

The formal charges all involved incidents pertaining to Ptolemy Auletes, the king of Egypt who had been formally recognized by Rome in 59 BC. In 58 BC his subjects had expelled him, and he had gone to Rome for help. The Alexandrians, in order to persuade the Romans not to reinstate King Ptolemy, had sent their own delegation of 100 citizens to Rome headed by Dio, an Academic philosopher. When the delegation arrived at Puteoli, near Naples, King Ptolemy had them attacked, and many of the delegation died. Dio made it to Rome, but by 57 or 56 BC he too was dead, murdered at the house of a friend in Rome. Many Romans were outraged by the attacks on the envoys, who were supposed to have diplomatic immunity. From what we can tell, Atratinus was charging that Caelius had a hand in the attacks on the Alexandrian envoys (the first three charges), had tried to poison Dio (the fourth charge), and had tried to poison Clodia (the fifth charge) to cover up the fact that he had borrowed money from her when he was supposedly trying to kill Dio. How much truth there was to any of the charges we do not know.

The trial took place on April 3 and 4, 56 BC. Like all Roman trials, it was held outside in the Forum, in the presence of the presiding magistrate, the judges, the speakers for the prosecution and defence, their supporters, and the *corona* (ring) of curious bystanders that spread out in the Forum around exciting law cases. On the first day of the trial the prosecution presented its case. L. Sempronius Atratinus spoke first, followed by his supporters P. Clodius and L. Herennius Balbus. On the following day, which happened to be the first day of a Roman holiday, the *Ludi Megalenses*, the defense got its chance. Caelius himself spoke first, Crassus second, and Cicero last. We know something about Caelius' and

Crassus' speeches from Cicero's remarks about them in the *Pro Caelio*, and from what later writers, especially Quintilian, have preserved.

The tactics that Cicero employs in his speech are stunning. Instead of addressing the formal charges, he completely reworks the case so that they appear secondary. The real issue in the case, he argues, is not the formal charges, but what and who lies behind them: the jealousy and vengeance of a spurned woman, Clodia. Most of the speech, therefore, is not a defense of Caelius against the formal charges, but an attack on the credibility of Clodia, Caelius' former lover and the sister of P. Clodius Pulcher, his hated political enemy. Cicero's attack on her is devastating. The speech is fascinating both as an example of Cicero's witty and corrosive powers of invective, and as a description of the life, or supposed life, of a powerful woman in one of Rome's most famous families. Moreover, most scholars believe that the Clodia whom Cicero attacks in the *Pro Caelio* is to be identified with the Lesbia whom Catullus made famous in his poetry. As far as we can tell, Cicero's speech was a complete success. Caelius was acquitted, and Clodia all but disappears from our sight.

SELECT BIBLIOGRAPHY
of works useful to students and teachers

M. Tulli Ciceronis. *Pro M. Caelio Oratio.* Third Edition. Ed. R.G. Austin. Oxford, 1960. The standard commentary on the speech, with an excellent introduction, notes, and appendices.

Geffcken, K. *Comedy in the Pro Caelio. Mnemosyne* Supplementum 30. Leiden, 1973. An examination of the comic elements in the *Pro Caelio.*

May, J.M. *Trials of Character: The Eloquence of Ciceronian Ethos.* Chapel Hill and London, 1988. A discussion of Cicero's speeches, including a useful analysis of the *Pro Caelio* (pp. 105-116), from the perspective of ethos, or "character."

Nisbet, R.G.M. "The Speeches," pp. 47-79 in *Cicero,* ed. T.A. Dorey. London, 1964. An excellent introduction to Cicero's speeches, including an analysis of the *Pro Caelio.*

Rawson, E. *Cicero: A Portrait.* Ithaca, 1983 (revised edition).

Skinner, M. "Clodia Metelli," *Transactions and Proceedings of the American Philological Association* 113 (1983), 273-287. A comparison of what we know about Clodia to what Cicero says about her in the *Pro Caelio.*

Stockton, D. *Cicero: A Political Biography.* Oxford, 1971.

Wiseman, T.P. *Catullus and His World: A Reappraisal.* Cambridge, 1985. The first half of the book presents a provocative picture of Clodia and Caelius, and a lively analysis of Cicero's tactics in the *Pro Caelio.*

AG refers to Allen and Greenough's *New Latin Grammar* (Boston, 1903 and many reprints).

I.1 Si quis, iudices, forte nunc adsit ignarus legum iudiciorum consuetudinisque nostrae, miretur profecto quae sit tanta atrocitas huiusce causae, quod diebus festis ludisque publicis, omnibus forensibus negotiis intermissis, unum hoc iudicium exerceatur, nec dubitet quin tanti facinoris reus arguatur ut eo neglecto civitas stare non possit. Idem cum audiat esse legem quae de seditiosis conscelerratisque civibus qui armati senatum obsederint, magistratibus vim attulerint, rem publicam oppugnarint cotidie quaeri iubeat: legem non improbet, crimen quod versetur in iudicio requirat; cum audiat nullum facinus, nullam audaciam, nullam vim in iudicium vocari, sed adulescentem inlustri ingenio, industria, gratia accusari ab eius filio quem ipse in iudicium et vocet et vocarit, oppugnari autem opibus meretriciis: Atratini ipsius pietatem non reprehendat, libidinem muliebrem comprimendam putet, vos laboriosos existimet quibus otiosis ne in communi quidem otio liceat esse. **2** Etenim si attendere diligenter atque existimare vere de omni hac causa volueritis, sic constituetis, iudices, nec descensurum quemquam ad hanc accusationem fuisse cui utrum vellet liceret nec, cum descendisset, quicquam habiturum spei fuisse, nisi alicuius intolerabili libidine et nimis acerbo odio niteretur. Sed ego Atratino, humanissimo atque optimo adulescenti, meo necessario, ignosco, qui habet excusationem vel pietatis vel necessitatis vel aetatis. Si voluit accusare, pietati tribuo, si iussus est, necessitati, si speravit aliquid, pueritiae. Ceteris non modo nihil ignoscendum sed etiam acriter est resistendum.

II.3 Ac mihi quidem videtur, iudices, hic introitus defensionis adulescentiae M. Caeli maxime convenire, ut ad ea quae accusatores deformandi huius causa et detrahendae spoliandaeque dignitatis gratia dixerunt primum respondeam. Obiectus est pater varie, quod aut parum splendidus ipse aut parum pie tractatus a filio diceretur. De dignitate M. Caelius notis ac maioribus natu etiam sine mea oratione tacitus facile ipse respondet; quibus autem propter senectutem, quod iam diu minus in foro nobiscumque versatur, non aeque est cognitus, hi sic habeant, quaecumque in equite Romano dignitas esse possit, quae certe potest esse maxima, eam semper in M. Caelio habitam esse summam hodieque haberi non solum a suis sed etiam ab omnibus quibus potuerit aliqua de causa esse notus. **4** Equitis autem Romani esse filium criminis loco poni ab accusatoribus neque his iudicantibus oportuit neque defendentibus nobis. Nam quod de pietate dixistis, est ista quidem nostra existimatio sed iudicium certe parentis. Quid nos opinemur audietis ex iuratis; quid parentes sentiant lacrimae matris incredibilisque maeror, squalor patris et haec praesens maestitia quam cernitis luctusque declarat. **5** Nam quod est obiectum municipibus esse adulescentem non probatum suis, nemini umquam praesenti Praettutiani maiores honores habuerunt, iudices, quam absenti M. Caelio; quem et absentem in amplissimum ordinem cooptarunt et ea non petenti detulerunt quae multis petentibus denegarunt. Idemque nunc

lectissimos viros et nostri ordinis et equites Romanos cum legatione ad
hoc iudicium et cum gravissima atque ornatissima laudatione miserunt.
Videor mihi iecisse fundamenta defensionis meae, quae firmissima sunt si
nituntur iudicio suorum. Neque enim vobis satis commendata huius aetas
5   esse posset, si non modo parenti, tali viro, verum etiam municipio tam
inlustri ac tam gravi displiceret. **III.6** Equidem, ut ad me revertar, ab his
fontibus profluxi ad hominum famam, et meus hic forensis labor vitaeque
ratio demanavit ad existimationem hominum paulo latius commendatione
ac iudicio meorum.
10   Nam quod obiectum est de pudicitia quodque omnium accusatorum non
criminibus sed vocibus maledictisque celebratum est, id numquam tam
acerbe feret M. Caelius ut eum paeniteat non deformem esse natum. Sunt
enim ista maledicta pervolgata in omnis quorum in adulescentia forma et
species fuit liberalis. Sed aliud est male dicere, aliud accusare. Accusatio
15   crimen desiderat, rem ut definiat, hominem notet, argumento probet, teste
confirmet; maledictio autem nihil habet propositi praeter contumeliam;
quae si petulantius iactatur, convicium, si facetius, urbanitas nominatur. **7**
Quam quidem partem accusationis admiratus sum et moleste tuli
potissimum esse Atratino datam. Neque enim decebat neque aetas illa
20   postulabat neque, id quod animum advertere poteratis, pudor patiebatur
optimi adulescentis in tali illum oratione versari. Vellem aliquis ex vobis
robustioribus hunc male dicendi locum suscepisset; aliquanto liberius et
fortius et magis more nostro refutaremus istam male dicendi licentiam.
Tecum, Atratine, agam lenius, quod et pudor tuus moderatur orationi meae
25   et meum erga te parentemque tuum beneficium tueri debeo. **8** Illud tamen
te esse admonitum volo, primum ut qualis es talem te omnes esse
existiment, ut quantum a rerum turpitudine abes tantum te a verborum
libertate seiungas; deinde ut ea in alterum ne dicas quae, cum tibi falso
responsa sint, erubescas. Quis est enim cui via ista non pateat, quis est
30   qui huic aetati atque isti dignitati non possit quam velit petulanter, etiam si
sine ulla suspicione, at non sine argumento male dicere? Sed istarum
partium culpa est eorum qui te agere voluerunt; laus pudoris tui, quod ea te
invitum dicere videbamus, ingeni, quod ornate politeque dixisti. **IV.9**
Verum ad istam omnem orationem brevis est defensio. Nam quoad aetas
35   M. Caeli dare potuit isti suspicioni locum, fuit primum ipsius pudore,
deinde etiam patris diligentia disciplinaque munita. Qui ut huic togam
virilem dedit -- nihil dicam hoc loco de me; tantum sit quantum vos
existimatis; hoc dicam, hunc a patre continuo ad me esse deductum -- nemo
hunc M. Caelium in illo aetatis flore vidit nisi aut cum patre aut mecum
40   aut in M. Crassi castissima domo cum artibus honestissimis erudiretur.
10 Nam quod Catilinae familiaritas obiecta Caelio est, longe ab ista
suspicione abhorrere debet. Hoc enim adulescente scitis consulatum
mecum petisse Catilinam. Ad quem si accessit aut si a me discessit
umquam -- quamquam multi boni adulescentes illi homini nequam atque

improbo studuerunt -- tum existimetur Caelius Catilinae nimium familiaris fuisse. At enim postea scimus et vidimus esse hunc in illius etiam amicis. Quis negat? Sed ego illud tempus aetatis quod ipsum sua sponte infirmum, aliorum autem libidine infestum est, id hoc loco defendo.
5 Fuit adsiduus mecum praetore me; non noverat Catilinam; Africam tum praetor ille obtinebat. Secutus est tum annus, causam de pecuniis repetundis Catilina dixit. Mecum erat hic; illi ne advocatus quidem venit umquam. Deinceps fuit annus quo ego consulatum petivi; petebat Catilina mecum. Numquam ad illum accessit, a me numquam recessit. **V.11** Tot
1 0 igitur annos versatus in foro sine suspicione, sine infamia, studuit Catilinae iterum petenti. Quem ergo ad finem putas custodiendam illam aetatem fuisse? Nobis quidem olim annus erat unus ad cohibendum bracchium toga constitutus, et ut exercitatione ludoque campestri tunicati uteremur, eademque erat, si statim merere stipendia coeperamus, castrensis
1 5 ratio ac militaris. Qua in aetate nisi qui se ipse sua gravitate et castimonia et cum disciplina domestica tum etiam naturali quodam bono defenderet, quoquo modo a suis custoditus esset, tamen infamiam veram effugere non poterat. Sed qui prima illa initia aetatis integra atque inviolata praestitisset, de eius fama ac pudicitia, cum iam sese conroboravisset ac vir
2 0 inter viros esset, nemo loquebatur. **12** At studuit Catilinae, cum iam aliquot annos esset in foro, Caelius. Et multi hoc idem ex omni ordine atque ex omni aetate fecerunt. Habuit enim ille, sicuti meminisse vos arbitror, permulta maximarum non expressa signa sed adumbrata virtutum. Vtebatur hominibus improbis multis; et quidem optimis se viris deditum
2 5 esse simulabat. Erant apud illum inlecebrae libidinum multae; erant etiam industriae quidam stimuli ac laboris. Flagrabant vitia libidinis apud illum; vigebant etiam studia rei militaris. Neque ego umquam fuisse tale monstrum in terris ullum puto, tam ex contrariis diversisque <atque> inter se pugnantibus naturae studiis cupiditatibusque conflatum. **VI.13** Quis
3 0 clarioribus viris quodam tempore iucundior, quis turpioribus coniunctior? quis civis meliorum partium aliquando, quis taetrior hostis huic civitati? quis in voluptatibus inquinatior, quis in laboribus patientior? quis in rapacitate varior, quis in largitione effusior? Illa vero, iudices, in illo homine admirabilia fuerunt, comprehendere multos amicitia, tueri
3 5 obsequio, cum omnibus communicare quod habebat, servire temporibus suorum omnium pecunia, gratia, labore corporis, scelere etiam, si opus esset, et audacia, versare suam naturam et regere ad tempus atque huc et illuc torquere ac flectere, cum tristibus severe, cum remissis iucunde, cum senibus graviter, cum iuventute comiter, cum facinerosis audaciter, cum
4 0 libidinosis luxuriose vivere. **14** Hac ille tam varia multiplicique natura cum omnis omnibus ex terris homines improbos audacisque conlegerat, tum etiam multos fortis viros et bonos specie quadam virtutis adsimulatae tenebat. Neque umquam ex illo delendi huius imperi tam consceleratus impetus exstitisset, nisi tot vitiorum tanta immanitas quibusdam facilitatis

et patientiae radicibus niteretur. Qua re ista condicio, iudices, respuatur, nec Catilinae familiaritatis crimen haereat. Est enim commune cum multis et cum quibusdam bonis. Me ipsum, me, inquam, quondam paene ille decepit, cum et civis mihi bonus et optimi cuiusque cupidus et firmus

5 amicus ac fidelis videretur; cuius ego facinora oculis prius quam opinione, manibus ante quam suspicione deprendi. Cuius in magnis catervis amicorum si fuit etiam Caelius, magis est ut ipse moleste ferat errasse se, sicuti non numquam in eodem homine me quoque erroris mei paenitet, quam ut istius amicitiae crimen reformidet.

10   **VII.15** Itaque a maledictis impudicitiae ad coniurationis invidiam oratio est vestra delapsa. Posuistis enim, atque id tamen titubanter et strictim, coniurationis hunc propter amicitiam Catilinae participem fuisse; in quo non modo crimen non haerebat sed vix diserti adulescentis cohaerebat oratio. Qui enim tantus furor in Caelio, quod tantum aut in

15 moribus naturaque volnus aut in re atque fortuna? ubi denique est in ista suspicione Caeli nomen auditum? Nimium multa de re minime dubia loquor; hoc tamen dico. Non modo si socius coniurationis, sed nisi inimicissimus istius sceleris fuisset, numquam coniurationis accusatione adulescentiam suam potissimum commendare voluisset. **16** Quod haud

20 scio an de ambitu et de criminibus istis sodalium ac sequestrium, quoniam huc incidi, similiter respondendum putem. Numquam enim tam Caelius amens fuisset ut, si sese isto infinito ambitu commaculasset, ambitus alterum accusaret, neque eius facti in altero suspicionem quaereret cuius ipse sibi perpetuam licentiam optaret, nec, si sibi semel periculum

25 ambitus subeundum putaret, ipse alterum iterum ambitus crimine arcesseret. Quod quamquam nec sapienter et me invito facit, tamen est eius modi cupiditas ut magis insectari alterius innocentiam quam de se timide cogitare videatur.

      17 Nam quod aes alienum obiectum est, sumptus reprehensi, tabulae

30 flagitatae, videte quam pauca respondeam. Tabulas qui in patris potestate est nullas conficit. Versuram numquam omnino fecit ullam. Sumptus unius generis obiectus est, habitationis; triginta milibus dixistis habitare. Nunc demum intellego P. Clodi insulam esse venalem, cuius hic in aediculis habitat decem, ut opinor, milibus. Vos autem dum illi placere

35 voltis, ad tempus eius mendacium vestrum accommodavistis.

      18 Reprehendistis a patre quod semigrarit. Quod quidem in hac aetate minime reprendendum est. Qui cum et ex publica causa iam esset mihi quidem molestam, sibi tamen gloriosam victoriam consecutus et per aetatem magistratus petere posset, non modo permittente patre sed etiam

40 suadente ab eo semigravit et, cum domus patris a foro longe abesset, quo facilius et nostras domus obire et ipse a suis coli posset, conduxit in Palatio non magno domum. VIII Quo loco possum dicere id quod vir clarissimus, M. Crassus, cum de adventu regis Ptolemaei quereretur, paulo ante dixit: Vtinam ne in nemore Pelio --

Ac longius mihi quidem contexere hoc carmen liceret:
    Nam numquam era errans
hanc molestiam nobis exhiberet
    Medea animo aegro, amore saevo saucia.
5 Sic enim, iudices, reperietis quod, cum ad id loci venero, ostendam, hanc
Palatinam Medeam migrationemque hanc adulescenti causam sive malorum
omnium sive potius sermonum fuisse.

19 Quam ob rem illa quae ex accusatorum oratione praemuniri iam et
fingi intellegebam, fretus vestra prudentia, iudices, non pertimesco.
10 Aiebant enim fore testem senatorem qui se pontificiis comitiis pulsatum a
Caelio diceret. A quo quaeram, si prodierit, primum cur statim nihil
egerit, deinde, si id queri quam agere maluerit, cur productus a vobis potius
quam ipse per se, cur tanto post potius quam continuo queri maluerit. Si
mihi ad haec acute arguteque responderit, tum quaeram denique ex quo iste
15 fonte senator emanet. Nam si ipse orietur et nascetur ex sese, fortasse, ut
soleo, commovebor; sin autem est rivolus arcessitus et ductus ab ipso
capite accusationis vestrae, laetabor, cum tanta gratia tantisque opibus
accusatio vestra nitatur, unum senatorem esse solum qui vobis gratificari
vellet inventum.
20   DE TESTE FVFIO.

20 Nec tamen illud genus alterum nocturnorum testium perhorresco.
Est enim dictum ab illis fore qui dicerent uxores suas a cena redeuntis
attrectatas esse a Caelio. Graves erunt homines qui hoc iurati dicere
audebunt, cum sit eis confitendum numquam se ne congressu quidem et
25 constituto coepisse de tantis iniuriis experiri. **IX** Sed totum genus
oppugnationis huius, iudices, et iam prospicitis animis et, cum inferetur,
propulsare debebitis. Non enim ab isdem accusatur M. Caelius a quibus
oppugnatur; palam in eum tela iaciuntur, clam subministrantur. **21** Neque
ego id dico ut invidiosum sit in eos quibus gloriosum etiam hoc esse
30 debet. Funguntur officio, defendunt suos, faciunt quod viri fortissimi
solent; laesi dolent, irati efferuntur, pugnant lacessiti. Sed vestrae
sapientiae tamen est, iudices, non, si causa iusta est viris fortibus
oppugnandi M. Caelium, ideo vobis quoque causam putare esse iustam
alieno dolori potius quam vestrae fidei consulendi. Iam quae sit multitudo
35 in foro, quae genera, quae studia, quae varietas hominum videtis. Ex hac
copia quam multos esse arbitramini qui hominibus potentibus, gratiosis,
disertis, cum aliquid eos velle arbitrentur, ultro se offerre soleant, operam
navare, testimonium polliceri? **22** Hoc ex genere si qui se in hoc
iudicium forte proiecerint, excluditote eorum cupiditatem, iudices, sapientia
40 vestra, ut eodem tempore et huius saluti et religioni vestrae et contra
periculosas hominum potentias condicioni omnium civium providisse
videamini. Equidem vos abducam a testibus neque huius iudici veritatem
quae mutari nullo modo potest in voluntate testium conlocari sinam quae
facillime fingi, nullo negotio flecti ac detorqueri potest. Argumentis

agemus, signis luce omni clarioribus crimina refellemus; res cum re, causa
cum causa, ratio cum ratione pugnabit.

X.23 Itaque illam partem causae facile patior graviter et ornate a M
Crasso peroratam de seditionibus Neapolitanis, de Alexandrinorum
pulsatione Puteolana, de bonis Pallae. Vellem dictum esset ab eodem
etiam de Dione. De quo ipso tamen quid est quod exspectetis? quod is qui
fecit aut non timet aut etiam fatetur; est enim rex; qui autem dictus est
adiutor fuisse et conscius, P. Asicius, iudicio est liberatus. Quod igitur est
eius modi crimen ut qui commisit non neget, qui negavit absolutus sit, id
hic pertimescat qui non modo a facti verum etiam a conscientiae suspicione
afuit? Et, si Asicio causa plus profuit quam nocuit invidia, huic oberit
maledictum tuum qui istius facti non modo suspicione sed ne infamia
quidem est aspersus? **24** At praevaricatione est Asicius liberatus.
Perfacile est isti loco respondere, mihi praesertim a quo illa causa defensa
est. Sed Caelius optimam causam Asici esse arbitratur; cuicuimodi autem
sit, a sua putat esse seiunctam. Neque solum Caelius sed etiam
adulescentes humanissimi et doctissimi, rectissimis studiis atque optimis
artibus praediti, Titus Gaiusque Coponii qui ex omnibus maxime Dionis
mortem doluerunt, qui cum doctrinae studio atque humanitatis tum etiam
hospitio Dionis tenebantur. Habitabat apud Titum, ut audistis, Dio, erat ei
cognitus Alexandriae. Quid aut hic aut summo splendore praeditus frater
eius de M. Caelio existimet ex ipsis, si producti erunt, audietis. **25** Ergo
haec removeantur, ut aliquando, in quibus causa nititur, ad ea veniamus.
XI Animadverti enim, iudices, audiri a vobis meum familiarem, L.
Herennium, perattente. In quo etsi magna ex parte ingenio eius et dicendi
genere quodam tenebamini, tamen non numquam verebar ne illa subtiliter
ad criminandum inducta oratio ad animos vestros sensim ac leniter
accederet. Dixit enim multa de luxurie, multa de libidine, multa de vitiis
iuventutis, multa de moribus et, qui in reliqua vita mitis esset et in hac
suavitate humanitatis qua prope iam delectantur omnes versari periucunde
soleret, fuit in hac causa pertristis quidam patruus, censor, magister;
obiurgavit M. Caelium, sicut neminem umquam parens; multa de
incontinentia intemperantiaque disseruit. Quid quaeritis, iudices?
ignoscebam vobis attente audientibus, propterea quod egomet tam triste
illud, tam asperum genus orationis horrebam. **26** Ac prima pars fuit illa
quae me minus movebat, fuisse meo necessario Bestiae Caelium
familiarem, cenasse apud eum, ventitasse domum, studuisse praeturae.
Non me haec movent quae perspicue falsa sunt; etenim eos una cenasse
dixit qui aut absunt aut quibus necesse est idem dicere. Neque vero illud
me commovet quod sibi in Lupercis sodalem esse Caelium dixit. Fera
quaedam sodalitas et plane pastoricia atque agrestis germanorum
Lupercorum, quorum coitio illa silvestris ante est instituta quam
humanitas atque leges, si quidem non modo nomina deferunt inter se
sodales sed etiam commemorant sodalitatem in accusando, ut ne quis id

forte nesciat timere videantur! **27** Sed haec omitto; ad illa quae me magis moverunt respondeo.

Deliciarum obiurgatio fuit longa, et ea lenior, plusque disputationis habuit quam atrocitatis, quo etiam audita est attentius. Nam P. Clodius, amicus meus, cum se gravissime vehementissimeque iactaret et omnia inflammatus ageret tristissimis verbis, voce maxima, tametsi probabam eius eloquentiam, tamen non pertimescebam; aliquot enim in causis eum videram frustra litigantem. Tibi autem, Balbe, respondeo primum precario, si licet, si fas est defendi a me eum qui nullum convivium renuerit, qui in hortis fuerit, qui unguenta sumpserit, qui Baias viderit. **XII.28** Equidem multos et vidi in hac civitate et audivi, non modo qui primoribus labris gustassent genus hoc vitae et extremis, ut dicitur, digitis attigissent sed qui totam adulescentiam voluptatibus dedidissent, emersisse aliquando et se ad frugem bonam, ut dicitur, recepisse gravisque homines atque inlustris fuisse. Datur enim concessu omnium huic aliqui ludus aetati, et ipsa natura profundit adulescentiae cupiditates. Quae si ita erumpunt ut nullius vitam labefactent, nullius domum evertant, faciles et tolerabiles haberi solent. **29** Sed tu mihi videbare ex communi infamia iuventutis aliquam invidiam Caelio velle conflare. Itaque omne illud silentium quod est orationi tributum tuae fuit ob eam causam quod uno reo proposito de multorum vitiis cogitabamus. Facile est accusare luxuriem. Dies iam me deficiat, si quae dici in eam sententiam possunt coner expromere; de corruptelis, de adulteriis, de protervitate, de sumptibus immensa oratio est. Vt tibi reum neminem sed vitia ista proponas, res tamen ipsa et copiose et graviter accusari potest. Sed vestrae sapientiae, iudices, est non abduci ab reo nec, quos aculeos habeat severitas gravitasque vestra, cum eos accusator erexerit in rem, in vitia, in mores, in tempora, emittere in hominem et in reum, cum is non suo crimine sed multorum vitio sit in quoddam odium iniustum vocatus. **30** Itaque ego severitati tuae ita ut oportet respondere non audeo. Erat enim meum deprecari vacationem adulescentiae veniamque petere. Non, inquam, audeo; perfugiis nihil utor aetatis, concessa omnibus iura dimitto; tantum peto ut, si qua est invidia communis hoc tempore aeris alieni, petulantiae, libidinum iuventutis, quam video esse magnam, tamen ne huic aliena peccata, ne aetatis ac temporum vitia noceant. Atque ego idem qui haec postulo quin criminibus quae in hunc proprie conferuntur diligentissime respondeam non recuso.

XIII Sunt autem duo crimina, auri et veneni; in quibus una atque eadem persona versatur. Aurum sumptum a Clodia, venenum quaesitum quod Clodiae daretur, ut dicitur. Omnia sunt alia non crimina sed maledicta, iurgi petulantis magis quam publicae quaestionis. 'Adulter, impudicus, sequester' convicium est, non accusatio. Nullum est enim fundamentum horum criminum, nullae sedes; voces sunt contumeliosae temere ab irato accusatore nullo auctore emissae. **31** Horum duorum criminum video auctorem, video fontem, video certum nomen et caput.

Auro opus fuit; sumpsit a Clodia, sumpsit sine teste, habuit quamdiu voluit. Maximum video signum cuiusdam egregiae familiaritatis. Necare eandem voluit; quaesivit venenum, sollicitavit quos potuit, paravit, locum constituit, attulit. Magnum rursus odium video cum crudelissimo discidio

5 exstitisse. Res est omnis in hac causa nobis, iudices, cum Clodia, muliere non solum nobili verum etiam nota; de qua ego nihil dicam nisi depellendi criminis causa. **32** Sed intellegis pro tua praestanti prudentia, Cn. Domiti, cum hac sola rem esse nobis. Quae si se aurum Caelio commodasse non dicit, si venenum ab hoc sibi paratum esse non arguit,

10 petulanter facimus, si matrem familias secus quam matronarum sanctitas postulat nominamus. Sin ista muliere remota nec crimen ullum nec opes ad oppugnandum M. Caelium illis relinquuntur, quid est aliud quod nos patroni facere debeamus, nisi ut eos qui insectantur repellamus? Quod quidem facerem vehementius, nisi intercederent mihi inimicitiae cum istius

15 mulieris viro -- fratrem volui dicere; semper hic erro. Nunc agam modice nec longius progrediar quam me mea fides et causa ipsa coget: nec enim muliebris umquam inimicitias mihi gerendas putavi, praesertim cum ea quam omnes semper amicam omnium potius quam cuiusquam inimicam putaverunt.

20   **XIV.33** Sed tamen ex ipsa quaeram prius utrum me secum severe et graviter et prisce agere malit, an remisse et leniter et urbane. Si illo austero more ac modo, aliquis mihi ab inferis excitandus est ex barbatis illis, non hac barbula qua ista delectatur sed illa horrida quam in statuis antiquis atque imaginibus videmus, qui obiurget mulierem et qui pro me

25 loquatur ne mihi ista forte suscenseat. Exsistat igitur ex hac ipsa familia aliquis ac potissimum Caecus ille; minimum enim dolorem capiet qui istam non videbit. Qui profecto, si exstiterit, sic aget ac sic loquetur: `Mulier, quid tibi cum Caelio, quid cum homine adulescentulo, quid cum alieno? Cur aut tam familiaris fuisti ut aurum commodares, aut tam

30 inimica ut venenum timeres? Non patrem tuum videras, non patruum, non avum, non proavum, non <abavum, non> atavum audieras consules fuisse? **34** non denique modo te Q. Metelli matrimonium tenuisse sciebas, clarissimi ac fortissimi viri patriaeque amantissimi, qui simul ac pedem limine extulerat, omnis prope civis virtute, gloria, dignitate superabat?

35 Cum ex amplissimo genere in familiam clarissimam nupsisses, cur tibi Caelius tam coniunctus fuit? cognatus, adfinis, viri tui familiaris? Nihil eorum. Quid igitur fuit nisi quaedam temeritas ac libido? Nonne te, si nostrae imagines viriles non commovebant, ne progenies quidem mea, Q. illa Claudia, aemulam domesticae laudis in gloria muliebri esse admonebat,

40 non virgo illa Vestalis Claudia quae patrem complexa triumphantem ab inimico tribuno plebei de curru detrahi passa non est? Cur te fraterna vitia potius quam bona paterna et avita et usque a nobis cum in viris tum etiam in feminis repetita moverunt? Ideone ego pacem Pyrrhi diremi ut tu amorum turpissimorum cotidie foedera ferires, ideo aquam adduxi ut ea tu

inceste uterere, ideo viam munivi ut eam tu alienis viris comitata
celebrares?'

XV.35 Sed quid ego, iudices, ita gravem personam induxi ut verear
ne se idem Appius repente convertat et Caelium incipiat accusare illa sua
gravitate censoria?   Sed videro hoc posterius atque ita, iudices, ut vel
severissimis disceptatoribus M. Caeli vitam me probaturum esse confidam.
Tu vero, mulier -- iam enim ipse tecum nulla persona introducta loquor --
si ea quae facis, quae dicis, quae insimulas, quae moliris, quae arguis,
probare cogitas, rationem tantae familiaritatis, tantae consuetudinis, tantae
coniunctionis reddas atque exponas necesse est.   Accusatores quidem
libidines, amores, adulteria, Baias, actas, convivia, comissationes, cantus,
symphonias, navigia iactant, idemque significant nihil se te invita dicere.
Quae tu quoniam mente nescio qua effrenata atque praecipiti in forum
deferri iudiciumque voluisti, aut diluas oportet ac falsa esse doceas aut nihil
neque crimini tuo neque testimonio credendum esse fateare.

36 Sin autem urbanius me agere mavis, sic agam tecum.   Removebo
illum senem durum ac paene agrestem; ex his igitur sumam aliquem ac
potissimum minimum fratrem qui est in isto genere urbanissimus; qui te
amat plurimum, qui propter nescio quam, credo, timiditatem et nocturnos
quosdam inanis metus tecum semper pusio cum maiore sorore cubitabat.
Eum putato tecum loqui: `Quid tumultuaris, soror? quid insanis?

Quid clamorem exorsa verbis parvam rem magnam facis? Vicinum
adulescentulum aspexisti; candor huius te et proceritas, voltus oculique
pepulerunt; saepius videre voluisti; fuisti non numquam in isdem hortis;
vis nobilis mulier illum filium familias patre parco ac tenaci habere tuis
copiis devinctum. Non potes; calcitrat, respuit, repellit, non putat tua
dona esse tanti. Confer te alio. Habes hortos ad Tiberim ac diligenter eo
loco paratos quo omnis iuventus natandi causa venit; hinc licet condiciones
cotidie legas; cur huic qui te spernit molesta es?'

XVI.37 Redeo nunc ad te, Caeli, vicissim ac mihi auctoritatem
patriam severitatemque suscipio.   Sed dubito quem patrem potissimum
sumam, Caecilianumne aliquem vehementem atque durum:

Nunc enim demum mi animus ardet, nunc meum cor cumulatur ira
aut illum:

O infelix, o sceleste!
Ferrei sunt isti patres:

Egone quid dicam, quid velim? quae tu omnia
Tuis foedis factis facis ut nequiquam velim,
vix ferendi. Diceret talis pater: `Cur te in istam vicinitatem meretriciam
contulisti? cur inlecebris cognitis non refugisti?'

Cur alienam ullam mulierem nosti? Dide ac dissice;
Per me <tibi> licet. Si egebis, tibi dolebit, <non mihi>.
Mihi sat est qui aetatis quod relicuom est oblectem meae.

38 Huic tristi ac derecto seni responderet Caelius se nulla cupiditate inductum de via decessisse. Quid signi? Nulli sumptus, nulla iactura, nulla versura. At fuit fama. Quotus quisque istam effugere potest, praesertim in tam maledica civitate? Vicinum eius mulieris miraris male audisse cuius frater germanus sermones iniquorum effugere non potuit? Leni vero et clementi patri cuius modi ille est:

> Fores ecfregit, restituentur; discidit
> Vestem, resarcietur,

Caeli causa est expeditissima. Quid enim esset in quo se non facile defenderet? Nihil iam in istam mulierem dico; sed, si esset aliqua dissimilis istius quae se omnibus pervolgaret, quae haberet palam decretum semper aliquem, cuius in hortos, domum, Baias iure suo libidines omnium commearent, quae etiam aleret adulescentis et parsimoniam patrum suis sumptibus sustineret; si vidua libere, proterva petulanter, dives effuse, libidinosa meretricio more viveret, adulterum ego putarem si quis hanc paulo liberius salutasset?

XVII.39 Dicet aliquis: `Haec igitur est tua disciplina? sic tu instituis adulescentis? ob hanc causam tibi hunc puerum parens commendavit et tradidit, ut in amore atque in voluptatibus adulescentiam suam conlocaret, et ut hanc tu vitam atque haec studia defenderes?' Ego, si quis, iudices, hoc robore animi atque hac indole virtutis ac continentiae fuit ut respueret omnis voluptates omnemque vitae suae cursum in labore corporis atque in animi contentione conficeret, quem non quies, non remissio, non aequalium studia, non ludi, non convivium delectaret, nihil in vita expetendum putaret nisi quod esset cum laude et cum dignitate coniunctum, hunc mea sententia divinis quibusdam bonis instructum atque ornatum puto. Ex hoc genere illos fuisse arbitror Camillos, Fabricios, Curios, omnisque eos qui haec ex minimis tanta fecerunt. **40** Verum haec genera virtutum non solum in moribus nostris sed vix iam in libris reperiuntur. Chartae quoque quae illam pristinam severitatem continebant obsoleverunt; neque solum apud nos qui hanc sectam rationemque vitae re magis quam verbis secuti sumus sed etiam apud Graecos, doctissimos homines quibus, cum facere non possent, loqui tamen et scribere honeste et magnifice licebat, alia quaedam mutatis Graeciae temporibus praecepta exstiterunt. **41** Itaque alii voluptatis causa omnia sapientes facere dixerunt, neque ab hac orationis turpitudine eruditi homines refugerunt; alii cum voluptate dignitatem coniungendam putaverunt, ut res maxime inter se repugnantis dicendi facultate coniungerent; illud unum derectum iter ad laudem cum labore qui probaverunt, prope soli iam in scholis sunt relicti. Multa enim nobis blandimenta natura ipsa genuit quibus sopita virtus coniveret interdum; multas vias adulescentiae lubricas ostendit quibus illa insistere aut ingredi sine casu aliquo ac prolapsione vix posset; multarum rerum iucundissimarum varietatem dedit qua non modo haec aetas sed etiam iam conroborata caperetur. **42** Quam ob rem si quem forte inveneritis qui aspernetur oculis pulchritudinem rerum, non odore ullo, non tactu, non sapore capiatur, excludat auribus omnem suavitatem, huic homini ego fortasse et pauci deos propitios, plerique autem iratos putabunt. **XVIII** Ergo haec deserta via et inculta atque interclusa iam frondibus et virgultis relinquatur. Detur aliqui ludus aetati; sit adulescentia liberior; non omnia voluptatibus denegentur; non semper superet vera illa et derecta ratio; vincat aliquando cupiditas voluptasque rationem, dum modo illa in hoc genere praescriptio moderatioque teneatur. Parcat iuventus pudicitiae suae, ne spoliet alienam, ne effundat patrimonium, ne faenore trucidetur, ne incurrat in alterius domum atque familiam, ne probrum castis, labem integris, infamiam bonis inferat, ne quem vi terreat, ne intersit insidiis, scelere careat. Postremo cum paruerit voluptatibus, dederit aliquid temporis ad ludum aetatis atque ad inanis hasce adulescentiae cupiditates, revocet se aliquando ad curam rei domesticae, rei forensis reique publicae, ut ea quae ratione antea non perspexerat satietate abiecisse et experiendo contempsisse videatur.

43 Ac multi quidem et nostra et patrum maiorumque memoria, iudices, summi homines et clarissimi cives fuerunt quorum, cum adulescentiae cupiditates defervissent, eximiae virtutes firmata iam aetate exstiterunt. Ex quibus neminem mihi libet nominare; vosmet vobiscum recordamini. Nolo enim cuiusquam fortis atque inlustris viri ne minimum quidem erratum cum maxima laude coniungere. Quod si facere vellem, multi a me summi atque ornatissimi viri praedicarentur quorum partim nimia libertas in adulescentia, partim profusa luxuries, magnitudo aeris alieni, sumptus, libidines nominarentur, quae multis postea virtutibus obtecta adulescentiae qui vellet excusatione defenderet. **XIX.44** At vero in M. Caelio -- dicam enim iam confidentius de studiis eius honestis, quoniam audeo quaedam fretus vestra sapientia libere confiteri -- nulla luxuries reperietur, nulli sumptus, nullum aes alienum, nulla conviviorum ac lustrorum libido. Quod quidem vitium ventris et gurgitis non modo non minuit aetas hominibus sed etiam auget. Amores autem et deliciae quae vocantur, quae firmiore animo praeditis diutius molestae non solent esse -- mature enim et celeriter deflorescunt -- numquam hunc occupatum impeditumve tenuerunt. **45** Audistis cum pro se diceret, audistis antea cum accusaret -- defendendi haec causa, non gloriandi loquor -- genus orationis, facultatem, copiam sententiarum atque verborum, quae vestra prudentia est, perspexistis. Atque in eo non solum ingenium elucere eius videbatis, quod saepe, etiam si industria non alitur, valet tamen ipsum suis viribus, sed inerat, nisi me propter benivolentiam forte fallebat, ratio et bonis artibus instituta et cura et vigiliis elaborata. Atqui scitote, iudices, eas cupiditates quae obiciuntur Caelio atque haec studia de quibus disputo non facile in eodem homine esse posse. Fieri enim non potest ut animus libidini deditus, amore, desiderio, cupiditate, saepe nimia copia, inopia etiam non numquam impeditus hoc quicquid est quod nos facimus in

dicendo, quoquo modo facimus, non modo agendo verum etiam cogitando
possit sustinere. **46** An vos aliam causam esse ullam putatis cur in tantis
praemiis eloquentiae, tanta voluptate dicendi, tanta laude, tanta gratia, tanto
honore, tam sint pauci semperque fuerint qui in hoc labore versentur?

5   Obterendae sunt omnes voluptates, relinquenda studia delectationis, ludus
iocus, convivium, sermo paene est familiarium deserendus. Qua re in hoc
genere labor offendit homines a studioque deterret, non quo aut ingenia
deficiant aut doctrina puerilis. **47** An hic, si sese isti vitae dedidisset,
consularem hominem admodum adulescens in iudicium vocavisset? hic, si

10 laborem fugeret, si obstrictus voluptatibus teneretur, hac in acie cotidie
versaretur, appeteret inimicitias, in iudicium vocaret, subiret periculum
capitis, ipse inspectante populo Romano tot iam mensis aut de salute aut
de gloria dimicaret? **XX** Nihilne igitur illa vicinitas redolet, nihilne
hominum fama, nihil Baiae denique ipsae loquuntur? Illae vero non

15 loquuntur solum verum etiam personant, huc unius mulieris libidinem esse
prolapsam ut ea non modo solitudinem ac tenebras atque haec flagitiorum
integumenta non quaerat sed in turpissimis rebus frequentissima celebritate
et clarissima luce laetetur.

     48 Verum si quis est qui etiam meretriciis amoribus interdictum
20 iuventuti putet, est ille quidem valde severus -- negare non possum -- sed
abhorret non modo ab huius saeculi licentia verum etiam a maiorum
consuetudine atque concessis. Quando enim hoc non factitatum est, quando
reprehensum, quando non permissum, quando denique fuit ut quod licet non
liceret? Hic ego ipsam rem definiam, mulierem nullam nominabo; tantum

25 in medio relinquam. **49** Si quae non nupta mulier domum suam
patefecerit omnium cupiditati palamque sese in meretricia vita conlocarit,
virorum alienissimorum conviviis uti instituerit, si hoc in urbe, si in
hortis, si in Baiarum illa celebritate faciat, si denique ita sese gerat non
incessu solum sed ornatu atque comitatu, non flagrantia oculorum, non

30 libertate sermonum, sed etiam complexu, osculatione, actis, navigatione,
conviviis, ut non solum meretrix sed etiam proterva meretrix procaxque
videatur: cum hac si qui adulescens forte fuerit, utrum hic tibi, L. Herenni,
adulter an amator, expugnare pudicitiam an explere libidinem voluisse
videatur? **50** Obliviscor iam iniurias tuas, Clodia, depono memoriam

35 doloris mei; quae abs te crudeliter in meos me absente facta sunt neglego;
ne sint haec in te dicta quae dixi. Sed ex te ipsa requiro, quoniam et crimen
accusatores abs te et testem eius criminis te ipsam dicunt se habere. Si
quae mulier sit eius modi qualem ego paulo ante descripsi, tui dissimilis,
vita institutoque meretricio, cum hac aliquid adulescentem hominem

40 habuisse rationis num tibi perturpe aut perflagitiosum esse videatur? Ea si
tu non es, sicut ego malo, quid est quod obiciant Caelio? Sin eam te
volunt esse, quid est cur nos crimen hoc, si tu contemnis, pertimescamus?
Qua re nobis da viam rationemque defensionis. Aut enim pudor tuus

defendet nihil a M. Caelio petulantius esse factum, aut impudentia et huic et ceteris magnam ad se defendendum facultatem dabit.

XXI.51 Sed quoniam emersisse iam e vadis et scopulos praetervecta videtur esse oratio mea, perfacilis mihi reliquus cursus ostenditur. Duo sunt enim crimina una in muliere summorum facinorum, auri quod sumptum a Clodia dicitur, et veneni quod eiusdem Clodiae necandae causa parasse Caelium criminantur. Aurum sumpsit, ut dicitis, quod L. Luccei servis daret, per quos Alexandrinus Dio qui tum apud Lucceium habitabat necaretur. Magnum crimen vel in legatis insidiandis vel in servis ad hospitem domini necandum sollicitandis, plenum sceleris consilium, plenum audaciae! **52** Quo quidem in crimine primum illud requiro, dixeritne Clodiae quam ob rem aurum sumeret, an non dixerit. Si non dixit, cur dedit? Si dixit, eodem se conscientiae scelere devinxit. Tune aurum ex armario tuo promere ausa es, tune Venerem illam tuam spoliare ornamentis, spoliatricem ceterorum, cum scires quantum ad facinus aurum hoc quaereretur, ad necem legati, ad L. Luccei, sanctissimi hominis atque integerrimi, labem sceleris sempiternam? Huic facinori tanto tua mens liberalis conscia, tua domus popularis ministra, tua denique hospitalis illa Venus adiutrix esse non debuit. **53** Vidit hoc Balbus; celatam esse Clodiam dixit, atque ita Caelium ad illam attulisse, se ad ornatum ludorum aurum quaerere. Si tam familiaris erat Clodiae quam tu esse vis cum de libidine eius tam multa dicis, dixit profecto quo vellet aurum; si tam familiaris non erat, non dedit. Ita si verum tibi Caelius dixit, o immoderata mulier, sciens tu aurum ad facinus dedisti; si non est ausus dicere, non dedisti.

XXII Quid ego nunc argumentis huic crimini, quae sunt innumerabilia, resistam? Possum dicere mores M. Caeli longissime a tanti sceleris atrocitate esse disiunctos; minime esse credendum homini tam ingenioso tamque prudenti non venisse in mentem rem tanti sceleris ignotis alienisque servis non esse credendam. Possum etiam alia et ceterorum patronorum et mea consuetudine ab accusatore perquirere, ubi sit congressus cum servis Luccei Caelius, qui ei fuerit aditus; si per se, qua temeritate! si per alium, per quem? Possum omnis latebras suspicionum peragrare dicendo; non causa, non locus, non facultas, non conscius, non perficiendi, non occultandi malefici spes, non ratio ulla, non vestigium maximi facinoris reperietur. **54** Sed haec quae sunt oratoris propria, quae mihi non propter ingenium meum sed propter hanc exercitationem usumque dicendi fructum aliquem ferre potuissent, cum a me ipso elaborata proferri viderentur, brevitatis causa relinquo omnia. Habeo enim, iudices, quem vos socium vestrae religionis iurisque iurandi facile esse patiamini, L. Lucceium, sanctissimum hominem et gravissimum testem, qui tantum facinus in famam atque in fortunas suas neque non audisset inlatum a M. Caelio neque neglexisset neque tulisset. An ille vir illa humanitate praeditus, illis studiis, illis artibus atque doctrina illius ipsius periculum

quem propter haec ipsa studia diligebat, neglegere potuisset et, quod facinus
in alienum hominem intentum severe acciperet, id omisisset curare in
hospitem? quod per ignotos actum si comperisset doleret, id a suis servis
temptatum esse neglegeret? quod in agris locisve publicis factum
5   reprehenderet, id in urbe ac domi suae coeptum esse leniter ferret? Quod in
alicuius agrestis periculo non praetermitteret, id homo eruditus in insidiis
doctissimi hominis dissimulandum putaret? **55** Sed cur diutius vos,
iudices, teneo? Ipsius iurati religionem auctoritatemque percipite atque
omnia diligenter testimoni verba cognoscite. Recita. L. LVCCEI
10   TESTIMONIVM. Quid exspectatis amplius? an aliquam vocem putatis
ipsam pro se causam et veritatem posse mittere? Haec est innocentiae
defensio, haec ipsius causae oratio, haec una vox veritatis. In crimine ipso
nulla suspicio est, in re nihil est argumenti, in negotio quod actum esse
dicitur nullum vestigium sermonis, loci, temporis; nemo testis, nemo
15   conscius nominatur, totum crimen profertur ex inimica, ex infami, ex
crudeli, ex facinerosa, ex libidinosa domo. Domus autem illa quae
temptata esse scelere isto nefario dicitur plena est integritatis, dignitatis,
offici, religionis; ex qua domo recitatur vobis iure iurando devincta
auctoritas, ut res minime dubitanda in contentione ponatur, utrum
20   temeraria, procax, irata mulier finxisse crimen, an gravis sapiens
moderatusque vir religiose testimonium dixisse videatur.
    XXIII.56 Reliquum est igitur crimen de veneno; cuius ego nec
principium invenire neque evolvere exitum possum. Quae fuit enim causa
quam ob rem isti mulieri venenum dare vellet Caelius? Ne aurum redderet?
25   Num petivit? Ne crimen haereret? Num quis obiecit? num quis denique
fecisset mentionem, si hic nullius nomen detulisset? Quin etiam L.
Herennium dicere audistis verbo se molestum non futurum fuisse Caelio,
nisi iterum eadem de re suo familiari absoluto nomen hic detulisset.
Credibile est igitur tantum facinus nullam ob causam esse commissum? et
30   vos non videtis fingi sceleris maximi crimen ut alterius sceleris suscipiendi
fuisse causa videatur? **57** Cui denique commisit, quo adiutore usus est,
quo socio, quo conscio, cui tantum facinus, cui se, cui salutem suam
credidit? Servisne mulieris? Sic enim est obiectum. Et erat tam demens
is cui vos ingenium certe tribuitis, etiam si cetera inimica oratione
35   detrahitis, ut omnis suas fortunas alienis servis committeret? At quibus
servis? -- refert enim magno opere id ipsum -- eisne quos intellegebat non
communi condicione servitutis uti sed licentius liberius familiariusque cum
domina vivere? Quis enim hoc non videt, iudices, aut quis ignorat, in eius
modi domo in qua mater familias meretricio more vivat, in qua nihil
40   geratur quod foras proferendum sit, in qua inusitatae libidines, luxuries,
omnia denique inaudita vitia ac flagitia versentur, hic servos non esse
servos, quibus omnia committantur, per quos gerantur, qui versentur isdem
in voluptatibus, quibus occulta credantur, ad quos aliquantum etiam ex
cotidianis sumptibus ac luxurie redundet? Id igitur Caelius non videbat?

58 Si enim tam familiaris erat mulieris quam vos voltis, istos quoque servos familiaris dominae esse sciebat. Sin ei tanta consuetudo quanta a vobis inducitur non erat, quae cum servis eius potuit familiaritas esse tanta? **XXIV** Ipsius autem veneni quae ratio fingitur? ubi quaesitum est, quem ad modum paratum, quo pacto, cui, quo in loco traditum? Habuisse aiunt domi vimque eius esse expertum in servo quodam ad eam rem ipsam parato; cuius perceleri interitu esse ab hoc comprobatum venenum. **59** Pro di immortales! cur interdum in hominum sceleribus maximis aut conivetis aut praesentis fraudis poenas in diem reservatis? Vidi enim, vidi et illum hausi dolorem vel acerbissimum in vita, cum Q. Metellus abstraheretur e sinu gremioque patriae, cumque ille vir qui se natum huic imperio putavit tertio die post quam in curia, quam in rostris, quam in re publica floruisset, integerrima aetate, optimo habitu, maximis viribus eriperetur indignissime bonis omnibus atque universae civitati. Quo quidem tempore ille moriens, cum iam ceteris ex partibus oppressa mens esset, extremum sensum ad memoriam rei publicae reservabat, cum me intuens flentem significabat interruptis ac morientibus vocibus quanta inpenderet procella mihi, quanta tempestas civitati et cum parietem saepe feriens eum qui cum Q. Catulo fuerat ei communis crebro Catulum, saepe me, saepissime rem publicam nominabat, ut non tam se mori quam spoliari suo praesidio cum patriam tum etiam me doleret. **60** Quem quidem virum si nulla vis repentini sceleris sustulisset, quonam modo ille furenti fratri suo consularis restitisset qui consul incipientem furere atque tonantem sua se manu interfecturum audiente senatu dixerit? Ex hac igitur domo progressa ista mulier de veneni celeritate dicere audebit? Nonne ipsam domum metuet ne quam vocem eiciat, non parietes conscios, non noctem illam funestam ac luctuosam perhorrescet? Sed revertor ad crimen; etenim haec facta illius clarissimi ac fortissimi viri mentio et vocem meam fletu debilitavit et mentem dolore impedivit.

XXV.61 Sed tamen venenum unde fuerit, quem ad modum paratum sit non dicitur. Datum esse aiunt huic P. Licinio, pudenti adulescenti et bono, Caeli familiari; constitutum esse cum servis ut venirent ad balneas Senias; eodem Licinium esse venturum atque eis veneni pyxidem traditurum. Hic primum illud requiro, quid attinuerit ferri in eum locum constitutum, cur illi servi non ad Caelium domum venerint. Si manebat tanta illa consuetudo Caeli, tanta familiaritas cum Clodia, quid suspicionis esset si apud Caelium mulieris servus visus esset? Sin autem iam suberat simultas, exstincta erat consuetudo, discidium exstiterat, hinc illae lacrimae nimirum et haec causa est omnium horum scelerum atque criminum. **62** `Immo' inquit `cum servi ad dominam rem totam et maleficium Caeli detulissent, mulier ingeniosa praecepit his ut omnia Caelio pollicerentur; sed ut venenum, cum a Licinio traderetur, manifesto comprehendi posset, constitui locum iussit balneas Senias, ut eo mitteret amicos qui delitiscerent, deinde repente, cum venisset Licinius venenumque traderet,

prosilirent hominemque comprenderent.' **XXVI** Quae quidem omnia,
iudices, perfacilem rationem habent reprendendi. Cur enim potissimum
balneas publicas constituerat? in quibus non invenio quae latebra togatis
hominibus esse posset. Nam si essent in vestibulo balnearum, non
5 laterent; sin se in intimum conicere vellent, nec satis commode calceati et
vestiti id facere possent et fortasse non reciperentur, nisi forte mulier
potens quadrantaria illa permutatione familiaris facta erat balneatori. **63**
Atque equidem vehementer exspectabam quinam isti viri boni testes huius
manifesto deprehensi veneni dicerentur; nulli enim sunt adhuc nominati.
10 Sed non dubito quin sint pergraves, qui primum sint talis feminae
familiares, deinde eam provinciam susceperint ut in balneas contruderentur,
quod illa nisi a viris honestissimis ac plenissimis dignitatis, quam velit sit
potens, numquam impetravisset. Sed quid ego de dignitate istorum testium
loquor?   virtutem eorum diligentiamque cognoscite. `In balneis
15 delituerunt.' Testis egregios! `Dein temere prosiluerunt.' Homines
temperantis! Sic enim fingitis, cum Licinius venisset, pyxidem teneret in
manu, conaretur tradere, nondum tradidisset, tum repente evolasse istos
praeclaros testis sine nomine; Licinium autem, cum iam manum ad
tradendam pyxidem porrexisset, retraxisse atque ex illo repentino hominum
20 impetu se in fugam coniecisse. O magnam vim veritatis, quae contra
hominum ingenia, calliditatem, sollertiam contraque fictas omnium
insidias facile se per se ipsa defendat! **XXVII.64** Velut haec tota fabella
veteris et plurimarum fabularum poetriae quam est sine argumento, quam
nullum invenire exitum potest! Quid enim? isti tot viri -- nam necesse
25 est fuisse non paucos ut et comprehendi Licinius facile posset et res
multorum oculis esset testatior -- cur Licinium de manibus amiserunt?
Qui minus enim Licinius comprehendi potuit cum se retraxit ne pyxidem
traderet, quam si tradidisset? Erant enim illi positi ut comprehenderent
Licinium, ut manifesto Licinius teneretur aut cum retineret venenum aut
30 cum tradidisset.   Hoc fuit totum consilium mulieris, haec istorum
provincia qui rogati sunt; quos quidem tu quam ob rem temere prosiluisse
dicas atque ante tempus non reperio. Fuerant ad hoc rogati, fuerant ad hanc
rem conlocati, ut venenum, ut insidiae, facinus denique ipsum ut manifesto
comprenderetur. **65** Potueruntne magis tempore prosilire quam cum
35 Licinius venisset, cum in manu teneret veneni pyxidem? Quae cum iam
erat tradita servis, <si> evasissent subito ex balneis mulieris amici
Liciniumque comprehendissent, imploraret hominum fidem atque a se
illam pyxidem traditam pernegaret. Quem quo modo illi reprehenderent?
vidisse se dicerent? Primum ad se vocarent maximi facinoris crimen;
40 deinde id se vidisse dicerent quod quo loco conlocati fuerant non potuissent
videre. Tempore igitur ipso se ostenderunt, cum Licinius venisset,
pyxidem expediret, manum porrigeret, venenum traderet. Mimi ergo iam
exitus, non fabulae; in quo cum clausula non invenitur, fugit aliquis e
manibus, dein scabilla concrepant, aulaeum tollitur. **XXVIII.66** Quaero

enim cur Licinium titubantem, haesitantem, cedentem, fugere conantem mulieraria manus ista de manibus emiserit, cur non comprenderint, cur non ipsius confessione, multorum oculis, facinoris denique voce tanti sceleris crimen expresserint. An timebant ne tot unum, valentes imbecillum, alacres perterritum superare non possent?

     Nullum argumentum in re, nulla suspicio in causa, nullus exitus criminis reperietur. Itaque haec causa ab argumentis, a coniectura, ab eis signis quibus veritas inlustrari solet ad testis tota traducta est. Quos quidem ego, iudices, testis non modo sine ullo timore sed etiam cum aliqua spe delectationis exspecto. **67** Praegestit animus iam videre, primum lautos iuvenes mulieris beatae ac nobilis familiaris, deinde fortis viros ab imperatrice in insidiis atque in praesidio balnearum conlocatos. Ex quibus requiram quem ad modum latuerint aut ubi, alveusne ille an equus Troianus fuerit qui tot invictos viros muliebre bellum gerentis tulerit ac texerit. Illud vero respondere cogam, cur tot viri ac tales hunc et unum et tam imbecillum quem videtis non aut stantem comprehenderint aut fugientem consecuti sint; qui se numquam profecto, si in istum locum processerint, explicabunt. Quam volent in conviviis faceti, dicaces, non numquam etiam ad vinum diserti sint, alia fori vis est, alia triclini, alia subselliorum ratio, alia lectorum; non idem iudicum comissatorumque conspectus; lux denique longe alia est solis, alia lychnorum. Quam ob rem excutiemus omnis istorum delicias, omnis ineptias, si prodierint. Sed me audiant, navent aliam operam, aliam ineant gratiam, in aliis se rebus ostentent, vigeant apud istam mulierem venustate, dominentur sumptibus, haereant, iaceant, deserviant; capiti vero innocentis fortunisque parcant.

     XXIX.68 At sunt servi illi de cognatorum sententia, nobilissimorum et clarissimorum hominum, manu missi. Tandem aliquid invenimus quod ista mulier de suorum propinquorum, fortissimorum virorum, sententia atque auctoritate fecisse dicatur. Sed scire cupio quid habeat argumenti ista manumissio; in qua aut crimen est Caelio quaesitum aut quaestio sublata aut multarum rerum consciis servis cum causa praemium persolutum. `At propinquis' inquit `placuit.' Cur non placeret, cum rem tute ad eos non ab aliis tibi adlatam sed a te ipsa compertam deferre diceres? **69** Hic etiam miramur, si illam commenticiam pyxidem obscenissima sit fabula consecuta? Nihil est quod in eius modi mulierem non cadere videatur. Audita et percelebrata sermonibus res est. Percipitis animis, iudices, iam dudum quid velim vel potius quid nolim dicere. Quod etiam si est factum, certe a Caelio quidem non est factum -- quid enim attinebat? -- est enim ab aliquo adulescente fortasse non tam insulso quam inverecundo. Sin autem est fictum, non illud quidem modestum sed tamen est non infacetum mendacium; quod profecto numquam hominum sermo atque opinio comprobasset, nisi omnia quae cum turpitudine aliqua dicerentur in istam quadrare apte viderentur.

70 Dicta est a me causa, iudices, et perorata. Iam intellegitis quantum iudicium sustineatis, quanta res sit commissa vobis. De vi quaeritis. Quae lex ad imperium, ad maiestatem, ad statum patriae, ad salutem omnium pertinet, quam legem Q. Catulus armata dissensione civium rei publicae paene extremis temporibus tulit, quaeque lex sedata illa flamma consulatus mei fumantis reliquias coniurationis exstinxit, hac nunc lege Caeli adulescentia non ad rei publicae poenas sed ad mulieris libidines et delicias deposcitur. **XXX.71** Atque hoc etiam loco M. Camurti et <C.> Caeserni damnatio praedicatur. O stultitiam! stultitiamne dicam an impudentiam singularem? Audetisne, cum ab ea muliere veniatis, facere istorum hominum mentionem? audetis excitare tanti flagiti memoriam, non exstinctam illam quidem sed repressam vetustate? Quo enim illi crimine peccatoque perierunt? Nempe quod eiusdem mulieris dolorem et iniuriam Vettiano nefario sunt stupro persecuti. Ergo ut audiretur Vetti nomen in causa, ut illa vetus aeraria fabula referretur, idcirco Camurti et Caeserni est causa renovata? qui quamquam lege de vi certe non tenebantur, eo maleficio tamen erant implicati ut ex nullius legis laqueis eximendi viderentur. **72** M. vero Caelius cur in hoc iudicium vocatur? cui neque proprium quaestionis crimen obicitur nec vero aliquod eius modi quod sit a lege seiunctum, cum vestra severitate coniunctum. Cuius prima aetas disciplinae dedita fuit eisque artibus quibus instruimur ad hunc usum forensem, ad capessendam rem publicam, ad honorem, gloriam, dignitatem. Eis autem fuit amicitiis maiorum natu quorum imitari industriam continentiamque maxime vellet, eis studiis aequalium ut eundem quem optimi ac nobilissimi petere cursum laudis videretur. **73** Cum autem paulum iam roboris accessisset aetati, in Africam profectus est Q. Pompeio pro consule contubernalis, castissimo homini atque omnis offici diligentissimo; in qua provincia cum res erant et possessiones paternae, tum etiam usus quidam provincialis non sine causa a maioribus huic aetati tributus. Decessit illinc Pompei iudicio probatissimus, ut ipsius testimonio cognoscetis. Voluit vetere instituto et eorum adulescentium exemplo qui post in civitate summi viri et clarissimi cives exstiterunt industriam suam a populo Romano ex aliqua inlustri accusatione cognosci. **XXXI.74** Vellem alio potius eum cupiditas gloriae detulisset; sed abiit huius tempus querelae. Accusavit C. Antonium, conlegam meum, cui misero praeclari in rem publicam benefici memoria nihil profuit, nocuit opinio malefici cogitati. Postea nemini umquam concessit aequalium plus ut in foro, plus ut in negotiis versaretur causisque amicorum, plus ut valeret inter suos gratia. Quae nisi vigilantes homines, nisi sobrii, nisi industrii consequi non possunt, omnia labore et diligentia est consecutus. **75** In hoc flexu quasi aetatis -- nihil enim occultabo fretus humanitate ac sapientia vestra -- fama adulescentis paululum haesit ad metas notitia nova eius mulieris et infelici vicinitate et insolentia voluptatum, quae, cum inclusae diutius et prima aetate compressae et constrictae fuerunt, subito se

non numquam profundunt atque eiciunt universae. Qua ex vita vel dicam
quo ex sermone -- nequaquam enim tantum erat quantum homines
loquebantur -- verum ex eo quicquid erat emersit totumque se eiecit atque
extulit, tantumque abest ab illius familiaritatis infamia ut eiusdem nunc ab
5　 sese inimicitias odiumque propulset. **76** Atque ut iste interpositus sermo
deliciarum desidiaeque moreretur -- fecit me invito me hercule et multum
repugnante me, sed tamen fecit -- nomen amici mei de ambitu detulit;
quem absolutum insequitur, revocat; nemini nostrum obtemperat, est
violentior quam vellem. Sed ego non loquor de sapientia, quae non cadit in
10　 hanc aetatem; de impetu animi loquor, de cupiditate vincendi, de ardore
mentis ad gloriam; quae studia in his iam aetatibus nostris contractiora esse
debent, in adulescentia vero tamquam in herbis significant quae virtutis
maturitas et quantae fruges industriae sint futurae. Etenim semper magno
ingenio adulescentes refrenandi potius a gloria quam incitandi fuerunt;
15　 amputanda plura sunt illi aetati, si quidem efflorescit ingeni laudibus, quam
inserenda. **77** Qua re, si cui nimium effervisse videtur huius vel in
suscipiendis vel in gerendis inimicitiis vis, ferocitas, pertinacia, si quem
etiam minimorum horum aliquid offendit, si purpurae genus, si amicorum
catervae, si splendor, si nitor, iam ista deferverint, iam aetas omnia, iam
20　 res, iam dies mitigarit.
　　XXXII Conservate igitur rei publicae, iudices, civem bonarum
artium, bonarum partium, bonorum virorum. Promitto hoc vobis et rei
publicae spondeo, si modo nos ipsi rei publicae satis fecimus, numquam
hunc a nostris rationibus seiunctum fore. Quod cum fretus nostra
25　 familiaritate promitto, tum quod durissimis se ipse legibus iam obligavit.
78 Non enim potest qui hominem consularem, cum ab eo rem publicam
violatam esse diceret, in iudicium vocarit ipse esse in re publica civis
turbulentus; non potest qui ambitu ne absolutum quidem patiatur esse
absolutum ipse impune umquam esse largitor. Habet a M. Caelio res
30　 publica, iudices, duas accusationes vel obsides periculi vel pignora
voluntatis. Qua re oro obtestorque vos, iudices, ut qua in civitate paucis
his diebus Sex. Cloelius absolutus est, quem vos per biennium aut
ministrum seditionis aut ducem vidistis, hominem sine re, sine fide, sine
spe, sine sede, sine fortunis, ore, lingua, manu, vita omni inquinatum, qui
35　 aedis sacras, qui censum populi Romani, qui memoriam publicam suis
manibus incendit, qui Catuli monumentum adflixit, meam domum diruit,
mei fratris incendit, qui in Palatio atque in urbis oculis servitia ad caedem
et ad inflammandam urbem incitavit: in ea civitate ne patiamini illum
absolutum muliebri gratia, M. Caelium libidini muliebri condonatum, ne
40　 eadem mulier cum suo coniuge et fratre et turpissimum latronem eripuisse
et honestissimum adulescentem oppressisse videatur. **79** Quod cum huius
vobis adulescentiam proposueritis, constituitote ante oculos etiam huius
miseri senectutem qui hoc unico filio nititur, in huius spe requiescit, huius
unius casum pertimescit; quem vos supplicem vestrae misericordiae,

servum potestatis, abiectum non tam ad pedes quam ad mores sensusque
vestros, vel recordatione parentum vestrorum vel liberorum iucunditate
sustentate, ut in alterius dolore vel pietati vel indulgentiae vestrae serviatis.
Nolite, iudices, aut hunc iam natura ipsa occidentem velle maturius
5   exstingui volnere vestro quam suo fato, aut hunc nunc primum
florescentem firmata iam stirpe virtutis tamquam turbine aliquo aut subita
tempestate pervertere. **80** Conservate parenti filium, parentem filio, ne
aut senectutem iam prope desperatam contempsisse aut adulescentiam
plenam spei maximae non modo non aluisse vos verum etiam perculisse
1 0   atque adflixisse videamini.   Quem si nobis, si suis, si rei publicae
conservatis, addictum, deditum, obstrictum vobis ac liberis vestris
habebitis omniumque huius nervorum ac laborum vos potissimum,
iudices, fructus uberes diuturnosque capietis.

Commentary

EXORDIUM (§§1-2): The Introduction.

§ 1   1   **quis** = *aliquis*. The indefinite pronoun *quis* is regularly used after *si*, *num, nisi, ne*.

        forte: "by chance."

        adsit: present subjunctive in the protasis (*si* -clause) of a future less vivid condition.

  1-2   **legum, iudiciorum, consuetudinisque nostrae:** genitives depending on *ignarus*, "ignorant of."

    2   **profecto:** "certainly, in my opinion."

        quae sit: indirect question after *miretur*.

        huiusce = *huius* + *-ce*; a demonstrative enclitic *-ce* is usually vestigial or absent altogether from forms of *hic*, but often, as here, it is retained for emphasis.

    3   **causae:** < *causa*, "case, law case."

        quod: translate as "that." This is an unusual use of *quod*, probably (as Austin suggests) the equivalent of *propter quod* ("in that, on account of which").

        diebus . . . publicis: ablatives of time. Cicero's speech was delivered during the festival called the *Ludi Megalenses* held in honor of the Great Mother. The festival began each year on April 4. The exact date of Cicero's speech is April 4, 56 BC.

  3-4   **omnibus . . . intermissis:** "when all legal business is interrupted"; ablative absolute.

    4   **exerceatur:** "is being conducted," present subjunctive, governed by *quod* in line 3.

        nec = *et non*; connects *miretur* (line 2) with *dubitet* (line 4): "he would wonder . . . and he would not doubt . . . "

        quin: translate as "that." *Quin* occurs after negative and interrogative expressions of doubt, especially, as here, after *non dubito*, and takes the subjunctive (*arguatur* in line 5).

        tanti facinoris: The genitive is found with verbs of charging or accusing like *arguatur* in line 5 (AG 352).

    5   **reus:** "defendant."

        eo neglecto: "if it were ignored"; ablative absolute here has conditional force.

        Idem: masculine nominative singular, "this same man."

cum audiat: *audiat* is subjunctive because the clause is potential, the equivalent of a future less vivid construction (AG 542).

6 **quae:** subject of *iubeat* in line 8.
qui: subject of the three perfect subjunctives (*obsederint, attulerint, oppugnarint*) that follow.
armati: "in arms," modifies *qui*.

7 **oppugnarint** = *oppugnaverint*. Verb forms containing -*ve* and -*vi* are often syncopated.
cotidie: "daily, no matter what the day"; i.e., whether a holiday or not.

8 **quaeri:** present passive infinitive after *iubeo*. It is impersonal. Translate: "that there be an investigation."
non improbet . . . requirat: "He would not criticize . . . , (but) he would ask . . . " The contrasting conjunction has been omitted (adversative asyndeton).
crimen quod versetur: "what charge is involved." *crimen* is not "crime," which it rarely if ever means in Cicero, but "charge, accusation, grounds for accusation." *versetur* is present passive subjunctive of *verso* (which in the passive has the sense of "be involved [in]") in an indirect question whose subject, *crimen*, has been attracted into the main clause (AG 576).

9 **audiat:** introduces an indirect statement (*nullum facinus . . . vocari, adulescentem . . . accusari, oppugnari*).

9-10 **in iudicium vocari:** "is called into court, is under judicial examination."

10 **inlustri ingenio, industria, gratia:** " . . . of shining character, diligence, and good will"; ablatives of quality (AG 415).

11 **ab eius filio quem:** "by the son of the man whom . . . ". L. Sempronius Atratinus was the formal initiator of the prosecution against Caelius. Caelius had prosecuted Atratinus' father, L. Calpurnius Bestia, earlier that same year and was planning to prosecute him again.
vocarit = *vocaverit*, perfect subjunctive of *voco*.
oppugnari: *oppugnari*, with its military overtones, has more sinister implications ("attack, assault") than the infinitives *vocari* and *accusari*, which are legal terms.

12 **opibus:** < *ops, opis*, "resources, power, wealth."
meretriciis: "of a whore"; adjective modifying *opibus*. The reference is to Clodia.

12-13 **non reprehendat . . . putet:** "he would not condemn, . . . (but) he would think . . . ," adversative asyndeton (see note to line 8). The understood subject is still the imaginary person first met in the *quis* in line 1.

13 **comprimendam:** sc. *esse*, "must be suppressed." Omission of the verb "to be" is very common, here in the passive periphrastic, denoting necessity or obligation (AG 500.2).
laboriosos: "overworked." It modifies *vos*.

14 **quibus . . . liceat:** "to whom it is not even permitted . . . "
otiosis . . . esse: "to be at leisure." *otiosis* agrees with *quibus*.

ne . . . quidem: "not even."

in communi . . . otio: "in a common period of leisure," i.e., when everyone else is on holiday.

§ 2   14-15   **si . . . volueritis:** "if you wish . . . " (literally, "if you will have wished"); *volueritis* is future perfect in a future more vivid condition. The future perfect is often used in this way (AG 516c).

15   **attendere:** "to pay attention, to listen."

16   **constituetis:** "you will decide"; introduces indirect statement: *nec descensurum . . . fuisse, nec . . . habiturum . . . fuisse.*
descensurum: "would have stooped." Take with *fuisse* in line 17, in the first periphrastic construction in a contrary to fact condition in indirect statement (AG 589b).

17   **cui utrum vellet liceret:** "who had free choice in the matter"; literally, "to whom whichever of two things he wished was allowed;" *cui* is dative with the impersonal verb *liceret*. Its antecedent is *quemquam.*
utrum vellet: indirect question, subject of the impersonal verb *liceret. utrum < uter, utra, utrum.*
quicquam . . . spei: "any hope." *spei* is a partitive genitive depending on *quicquam* (AG 346).
habiturum: take with *fuisse* in line 18. *habiturum fuisse* is the same construction as *decensurum fuisse*, a contrary to fact condition in indirect statement after *constituetis.*

18   **niteretur:** < *nitor* (3), "rely on"; + ablative; imperfect subjunctive after *nisi*, part of a present contrary to fact condition.

19   **humanissimo:** "very kind, very cultured."
necessario: < *necessarius*, "good friend."

20   **ignosco:** "I forgive" (+ dative).

21   **tribuo:** "I attribute"; takes the dative of indirect object (*pietati, necessitati, pueritiae*): "to attribute something (accusative) to something (dative)."

22   **Ceteris . . . ignoscendum:** "the rest are not to be forgiven at all." *ignosco* ("forgive"+ dative) is used impersonally in the passive (AG 372).
non modo . . . sed etiam: "not only . . . but also."
nihil: "not at all"; adverbial accusative.

PRAEMUNITIO (§§3-50): Clearing away insinuations and building up the case.

§ 3   24   **hic introitus:** "this introduction." The *hic* anticipates the *ut*-clause that follows.

25   **adulescentiae M. Caeli:** literally "to the youth of Marcus Caelius," but translate "to the young Marcus Caelius."
maxime convenire: "to be especially fitting"; + dative.
ut: Take with *respondeam* in line 27. It introduces a substantive clause in apposition to *hic introitus.*
quae: object of *dixerunt*, line 27.

26 **deformandi huius causa:** "for the sake of disgracing him," i.e.,
"to disgrace him"; *deformandi* is a gerundive (AG 503). Like *gratia*,
causa takes a preceding genitive; both mean "for the sake of."

27 **Objectus est:** "is brought up"; < *obicio*.
parum: "insufficiently, too little, not . . . enough."

28 **pie:** "respectfully," adverb from *pius, -a, -um*.
tractatus: sc. *esse*; indirect statement after *diceretur*.
diceretur: subjunctive after *quod* ("because"), showing that the
reason given is not Cicero's, but someone else's (AG 540).

28-29 **M. Caelius:** the elder, father of the M. Caelius on trial.

29 **notis ac maioribus natu:** datives of indirect object after
respondet (line 30). *noti* = "acquaintances." *natu* is an ablative of
specification with *maioribus* ("to those older *by birth*").
etiam: "even."
tacitus: "(though) silent, without saying a word." *tacitus* is an
adjective in apposition to *M. Caelius* (AG 282b).

30 **quibus:** dative with *cognitus* (line 31); the antecedent is *hi* in line
31.
propter senectutem: "on account of his (i.e., the elder Caelius')
old age."
quod: "because, in that."

31 **versatur:** "takes part in, is found, spends time."
est: the subject of *est* is M. Caelius (the elder).
habeant: jussive subjunctive. Here *habeo* means "hold, think," and
takes an indirect statement: *eam . . . habitam esse . . . haberi.*

33-34 **a suis:** "by his own (family and friends)."

34 **potuerit:** perfect subjunctive in a relative clause in indirect
statement (AG 580).
aliqua de causa: "for any reason."

§ 4 35-36 **Equitis . . . nobis:** Take the sentence in three parts: Part 1:
Equitis autem Romani esse filium. Part 2: *criminis loco poni ab
accusatoribus.* Part 3: *neque his iudicantibus oportuit neque
defendentibus nobis. oportuit* ("was suitable, fitting appropriate,
becoming") is the main verb of the whole sentence. It is impersonal,
and takes the accusative and infinitive construction. In this sentence
Part 1 = the accusative, part 2 = the infinitive. Literally, "It was not
fitting for 'being the son of a Roman knight' (part l) 'to be introduced
by the accusors in the place of a charge' (part 2) 'either with these men
judging or with us defending' (part 3)."

35 **esse filium:** "being the son . . . "; *esse* is an infinitive used as a
noun.
criminis loco: "in place of a charge, instead of a charge"; *loco* is
an ablative of place where, without a preposition (AG 429.1).

36 **Nam quod:** "Now as to what, Now as regards the fact that . . . "
(AG 572a).

37-38 **est . . . parentis:** literally, "the opinion of this indeed is ours,
but the judgment certainly belongs to a parent," i.e., "we can think

what we want, but the real judgment lies with a parent." *existimatio*
and *iudicium* are being sharply contrasted.

38   **iuratis:** < *iuratus, -a, -um,* "sworn" to testify.

39   **lacrimae:** nominative plural. *lacrimae, squalor, maestitia,* and
luctus are all subjects of *declarat. declarat* is singular, agreeing with
luctus (AG 317c). The dress and behavior of Caelius' parents are good
examples of the emotional appeals and histrionics that were a frequent
part of Roman trials.

§ 5   40   **Nam quod est objectum:** "As to the allegation that . . . "
objectum est (< *obicio*) takes an indirect statement.

41   **municipibus:** dative with *probatum.*
esse . . . probatum: < *probo,* "approve."
suis: modifies *municipibus.*

42   **praesenti:** modifies *nemini,* dative of *nemo,* "no one."
Praetuttiani: "the people of Interamnia Praetutiorum" in Picenum,
c. 100 miles N.E. of Rome.
quam: "than."

42-43   **absenti M. Caelio:** datives in the same construction as *nemini
praesenti.*

43   **quem et . . . et:** "this man they both . . . and . . . "
in amplissimum ordinem: "into their highest rank," i.e., into
the *decurio,* or local senate.
ea: neuter plural accusative, object of *detulerunt* (< *defero,* "confer,
award").

44   **petenti:** dative of indirect object, modifying an understood "*M.
Caelio.*"
Idemque: nominative plural, referring back to the *municipes.* "And
these same people . . . "

1   **lectissimos viros:** "most excellent men."
et nostri ordinis et equites Romanos: "both of our order (=
senators) and Roman knights." Both phrases depend on *lectissimos
viros.*

2   **et:** joins *cum legatione* and *cum gravissima atque ornatissime
laudatione.*

3   **Videor mihi iecisse fundamenta:** "I seem to myself to have
established the foundations," i.e., "I think that I have established the
foundations."

4   **suorum:** "of his own people."
huius aetas: "this young man" (literally, "the age of this man").

5   **posset:** imperfect subjunctive in a present contrary to fact condition.
non modo . . . verum etiam: "not only . . . but also."
parenti: *parenti* and the other datives that follow depend on
displiceret (< *displiceo,* "displease, offend").

§ 6   6   **ut . . . revertar:** purpose clause ("to turn to me . . . ").

6-7   **ab his fontibus profluxi:** These words, along with *demanavit*
(line 8), are part of a metaphor comparing Cicero's fame to a stream
flowing from its source.

8   **paulo:** adverb with *latius* ("a little more widely").
9   **meorum:** "of my own people."
10 **quodque** = *et quod. quodque* governs *celebratum est* in line 11, and is similar in construction to *quod objectum est.* Translate " . . . and as to what has been announced . . . "
11 **id:** object of *feret.*
12 **feret:** future of *fero*, "bear, take."
    ut: introduces a result clause, as *tam* in line 11 indicates.
    paeniteat: impersonal, takes an accusative + infinitive construction. Translate: "so that it will grieve him that he . . . "
12-13 **Sunt . . . pervolgata:** "have been circulated."
13 **omnis** = *omnes. omnis* (long *-is*) is an alternate form for the accusative plural *omnes* (AG 117).
13-14 **quorum in adulescentia forma et species fuit liberalis:** literally, "in whose youth there were good looks and the appearance worthy of a freeman," i.e., "who was good looking when he was young."
14 **aliud . . . aliud:** "it is one thing . . . it is another . . . "
15-16 **rem . . . confirmet:** "to define the matter, to single out the person, to prove (the case) with argument, and to confirm (it) with testimony." *ut* introduces a string of purpose clauses; *argumento, teste* are ablatives of means.
16 **nihil . . . propositi:** "no purpose," literally, "nothing of purpose." *propositi* is a partitive genitive depending on *nihil.*
17 **petulantius . . . facetius:** Both are comparative adverbs; "too aggressively . . . more cleverly."
    iactatur: < *iacto*, "hurl, utter."
    convicium: "abuse."
    urbanitas: "sophistication, wit, refinement, culture."

§ 7 18 **Quam . . . partem . . . admiratus sum:** "I was amazed at *this* part . . . "; *quam* is a connecting relative.
    moleste tuli: literally, "I bore it badly that . . . ," but better translated as "I was annoyed that . . . " It takes an indirect statement (*datam esse*).
19 **potissimum:** "especially." *potissimum* is the superlative of *potis.*
    esse . . . datum: "was assigned, was given."
    decebat: impersonal. "it was fitting."
19-20 **Neque . . . neque . . . neque:** take the third *neque* with *patiebatur.*
20 **id quod:** "a thing which . . . "; introduces a parenthetical remark.
    animum advertere: "to notice," literally, "to turn your mind towards."
    poteratis: < *possum*, imperfect indicative.
21 **optimi adulescentis:** genitive depending on *pudor.*
    illum: accusative subject of *versari.*
    Vellem: imperfect subjunctive, the equivalent of an optative subjunctive (AG 442b). The *imperfect* subjunctive is used because the wish expressed is unaccomplished in the present. Translate: "I wish,

I would have wished." *Vellem* takes a substantive clause (+ subjunctive) without *ut*.

22   **male dicendi:** genitive singular gerund depending on *locum* ("place, job").

22-23   **aliquanto liberius et fortius:** "somewhat more freely and forcefully"; *aliquanto* < *aliquantum*, "a certain amount, a considerable amount"; ablative of measure of difference (AG 414) with the comparative adverbs *liberius* and *fortius*.

23   **magis more nostro:** "more in my usual manner."

24   **agam:** "I will deal . . . "
      moderatur: "restrains" + dative (*orationi meae*).

25   **meum:** modifies *beneficium*.
      erga: "towards," a preposition which takes the accusative.

§ 8   25   **Illud:** cognate accusative (AG 390c) with *admonitum esse*. Literally, "I wish you to be warned *about this*."

26   **qualis:** paired with *talem* ("such . . . as").

26-27   **ut . . . existiment:** a purpose clause. Translate, "So that all might think you are the sort of man you (really) are."

27-28   **ut . . . seiungas:** a substantive clause of purpose (AG 563) in apposition to *Illud* in line 25. Literally, "that you separate yourself from (an excessive) freedom of language as much as you are absent from a baseness of actions."

27   **quantum:** paired with *tantum*; "as much . . . so much."

28   **deinde ut . . . ne dicas:** "next, that you not say"; another substantive clause of purpose. *ut . . . ne* is unusual, but is sometimes found after verbs of cautioning (AG 563e, note 2).

28-29   **cum tibi falso responsa sint:** "when they are attributed falsely to you."

30   **huic aetati, isti dignitati:** datives after *male dicere*, an infinitive phrase depending on *possit*.
      quam velit petulanter: "as boldly as he wishes."

32   **partium:** < *pars, partis*, which in the plural means "role, part."
      te: accusative subject of *agere*, "play (a role)."
      pudoris tui: like *ingeni*, genitive depending on *laus*. ("The praise belongs to your modesty, . . . to your skill . . . ").

§ 9   34   **ad istam omnem orationem:** "in reply to this whole speech."
      quoad: "as long as, in so far as."

35-36   **fuit . . . munita:** "was protected"; the subject is *aetas*.
      pudore . . . diligentia disciplinaque: all ablatives of means.

36   **Qui:** connecting relative, referring back to Caelius' father. Translate, "This man" or "His father."
      ut: "as, when."

36-37   **togam virilem:** "toga of manhood." The *toga virilis* was the normal plain woolen toga that adult male Romans wore. When a boy was about 15 or 16 years old he took part in a special ceremony. He dedicated his boyhood toga, the *toga praetexta*, to his household gods,

put on the *toga virilis*, and went down to the Forum to be formally
introduced as a Roman citizen.

37 **nihil dicam hoc loco de me:** As Austin notes, this phrase
causes an anacolouthon, that is, a break in the previous construction
so that the construction of the original sentence, begun in line 36 (*Qui
ut huic . . .*) is not completed. Cicero begins to talk about himself
because, as he now tells us, Caelius was placed in his care.

38 **continuo:** "at once," adverb from *continuus, -a, -um.*
esse deductum: "was brought, was turned over." After Caelius had
received the *toga virilis*, his father brought him to Rome and placed
him in the care of Cicero and Crassus. This sort of moral and
intellectual apprenticeship was common at Rome.

40 **M. Crassi:** Marcus Crassus was one the wealthiest men at Rome,
and a member, along with Julius Caesar and Pompey, of the first
triumvirate. He died leading a Roman army against the Parthians at
the battle of Carrhae (in Mesopotamia) in 53 BC, three years after this
trial. Crassus was also defending Caelius at the trial, and had spoken
just before Cicero (see Introduction). Cicero makes a special point of
mentioning the time Caelius spent with Crassus because Crassus was
famous for his moderate lifestyle (see Plutarch, *Life of Crassus*).
cum: *cum* + subjunctive. Take with *erudiretur.*

§10 41 **Catilinae:** Lucius Sergius Catilina (Catiline) was a member of an
old patrician family. He held the praetorship in 68 BC and governed in
Africa for the two years following. He was prosecuted for extortion
when he returned to Rome. He ran for the consulship in 64 BC, the
same year Cicero did, but unlike Cicero, was not elected. He failed to
be elected consul again in 63 BC, and it was at this point that he
fomented the Catilinarian conspiracy, a movement of which it is very
difficult to get an accurate picture. Catiline drew support from a wide
range of disgruntled Romans, including poor aristocrats and war
veterans. The conspiracy failed, and Catiline died in battle. The
quelling of the conspiracy was the high point of Cicero's consulship.
Cicero is concerned to dissociate Caelius from Catiline, who had the
reputation of ruining those who associated with him both politically
and morally. For the famous immorality of Catiline and his
associates, see Sallust's *Conspiracy of Catiline.*

42 **abhorrere:** "to be free from."
Hoc . . . adulescente: ablative absolute. *Hoc* refers to M.
Caelius.

43 **petisse** = *petivisse.*
quem = Catiline.
accessit: M. Caelius is the understood subject.

44 **illi:** masculine dative singular of *ille, illa, illud.* It modifies
homini.
nequam: indeclinable adjective ("worthless, good-for-nothing"); it
modifies *homini.*

1 **studuerunt:** < *studeo*, "support, be devoted to"; + dative.
existimetur: jussive subjunctive ("let Caelius be thought . . . ").

1-2 **Catilinae nimium familiaris:** "excessively friendly to Catiline." *familiaris* is nominative singular, modifying *Caelius*.

2   **At enim:** "And yet, But indeed." *At enim* is frequently used to introduce an imaginary objection that the author will immediately refute (AG 324d).

3-4 **quod . . . infestum est:** "which itself is unstable on its own, but is threatened by the passions of others."
  sua sponte: "on its own."

4   **infestum:** "unsafe, made unsafe, threatened."
  id: refers back to *illud tempus* in line 3.
  hoc loco: "at this point, now." Cicero now tries to show that during Caelius' "impressionable years," ages 16-19 (66 - 63 BC), he was under the best of supervision.

5   **praetore me:** ablative absolute. Cicero was praetor in 66 BC.
  noverat: pluperfect of *nosco*. Translate as an imperfect: "he was not acquainted with . . . "

6   **praetor ille:** nominatives, referring to Catiline. *praetor* is in apposition to the word *ille*: "This man as praetor . . . "
  Secutus est tum annus: "Then a year followed," = 65 BC.

6-7 **de pecuniis repetundis:** "concerning extortion." Lewis and Short: "*pecuniae repetundae*: money or other things extorted by a provincial governor, and that are to be restored." (*repeto*, II, 2, c.).

7   **illi:** refers to Catiline.
  advocatus: "as a legal assistant, as an advocate"; in apposition to the understood subject of *venit*, Caelius. If Caelius had been a supporter of Catiline at the time, he would have been expected to help in his defense on the charge of extortion.

8   **Deinceps fuit annus:** 64 BC.
  quo: "in which"; ablative of time.

§11 9-10   **Tot . . . annos versatus:** "Having spent so many years . . . "
versatus < *versor*.

10   **studuit:** "he supported." *studeo* takes the dative.

11   **iterum:** "for a second time"; modifies *petenti*. Catiline sought the consulship again in 63 BC.
  Quem . . . ad finem: "how long?"; literally, "to what end?"

12-13 **annus erat unus . . . constitutus:** "one year was set aside to . . . "

13   **toga:** ablative of means with *ad cohibendum bracchium*. Literally: "for keeping the arm restrained by the toga." As Austin notes, this phrase is a picturesque way of saying "for being on probation," since keeping one's arms in one's toga when speaking (and not gesticulating wildly with them) was a sign of good behavior. *ad* + accusative gerund/gerundive expresses purpose.

13-14 **ut . . . uteremur:** "in order to engage in exercise and training on the Campus Martius . . . "; *ut*-clause of purpose. Some young men spent a year at Rome in training, others, as Cicero says next, went immediately into the army.

13   **campestri:** "on the Campus Martius"; ablative adjective modifying *ludo*. The Campus Martius ("Field of Mars") was a field by the Tiber River the Romans used for exercise.

     tunicati (< *tunico*): "clad in a tunic."

14   **eademque:** demonstrative adjective, feminine nominative singular, modifying *ratio*.

     si statim merere stipendia coeperamus: "if we began at once to draw military pay," i.e., "if we entered the army right away."

15   **Qua:** connecting relative pronoun with *aetate*: "at this age."

     nisi qui: after *nisi*, *qui = aliquis*.

     se: direct object of *defenderet* in line 16.

16   **cum . . . tum etiam:** "both . . . and also."

     defenderet: imperfect subjunctive in the protasis of a contrary to fact condition which here expresses a *continuous* past action (AG 517a).

17   **quoquo modo:** "in whatever way, however."

     a suis: "by his own (family and friends)."

18   **poterat:** imperfect indicative taking the place of a subjunctive in the apodosis (main clause) of a contrary to fact condition. This happens frequently in the case of verbs denoting necessity, possibility, duty, etc. (AG 517c).

19   **praestitisset:** < *praesto*, "exhibit, show." It is a subjunctive in a relative clause of characteristic. *prima illa initia* is the direct object of *praestitisset*.

     de eius fama ac pudicitia: Take with *nemo loquebatur* in line 20.

     cum iam sese conroboravisset: "when he had grown to maturity"; literally, "when he had strengthened himself."

§12 21   **aliquot annos:** "for a few years"; accusative of duration of time (AG 423).

     hoc idem: neuter accusative singular; object of *fecerunt*.

22   **ille** = Catiline.

23   **permulta:** agrees with *signa*.

     maximarum: genitive plural, modifies *virtutum*.

     expressa . . . sed adumbrata: "not fully formed, but there in outline." Both words agree with *signa*.

24   **Vtebatur:** "He enjoyed the friendship of . . ."; *utor* takes the ablative.

24-25 **se . . . deditum esse:** "that he was devoted to . . ."

25   **libidinum:** < *libido, -inis*, f., "passion, desire."

26   **quidam stimuli:** nominative plural, subject of *erant*.

28-29 **tam ex . . . conflatum:** "so put together from . . ."

29   **naturae:** "of nature, natural"; genitive singular depending on *studiis*.

§13 29-30 **Quis . . . iucundior, quis . . . coniunctior:** *erat* is the understood verb in each clause.

30   **clarioribus viris . . . turpioribus:** "to men who were very well known . . . to men who were very loathsome . . ."; comparative

adjectives. The comparative often is used to indicate a considerable or excessive degree of a quality (AG 291a).

31 **meliorum partium:** "belonged to a better political party."
Literally, "was of a better political party." *meliorum*: genitive plural
< *melior*, the comparative of *bonus*.

33 **Illa:** neuter plural demonstrative. "*These* were the incredible things
in that man . . . " The infinitive phrases that follow (all the way to
line 40) are in apposition to *Illa*.

34 **amicitia:** ablative of means.

35 **communicare:** "to share."

35-36 **servire temporibus suorum omnium:** "to help his friends
in time of need"; literally, "to be of service to the times of need of all
of his friends."

36-37 **si opus esset:** "if it was necessary."

37 **naturam:** the object not only of *versare*, but also of *regere*, *torquere*,
and *flectere*.

38 **cum tristibus severe:** *severe* is the adverb from *severus*. With
tristibus supply *hominibus* or *viris*. With the whole phrase, and with
all the phrases that follow, supply *vivere* from line 40.

§14 40 **Hac . . . tam varia multiplicique natura:** "with so varied and
complex a nature . . . "

41-42 **cum . . . tum etiam:** See note on §11, line 16.

41 **omnis** = *omnes*; modifies *homines*.
audacisque = *audacesque*.

42 **specie quadam virtutis adsimulatae:** "by a certain appearance
of feigned virtue."

43 **illo:** i.e., Catiline.
delendi huius imperi: genitives depending on the nominative
impetus. Translate "for destroying this state of ours." Literally: "of
this state being destroyed."

44 **exstitisset:** "have been found, have originated"; < *exsto*; pluperfect
subjunctive in a mixed contrary to fact condition.
tot vitiorum tanta immanitas: "such a vast quantity of so
many vices."
quibusdam: modifies *radicibus*, which is ablative after *niteretur*.

1 **Qua re:** "therefore." Sometimes written as one word (*quare*).
condicio: "possibility"; i.e., the possibility that Caelius be blamed
for his association with Catiline.

1-2 **respuatur . . . haereat:** jussive subjunctives.

4 **civis . . . bonus:** "patriotic citizen"; *bonus*, like *optimi* in the
same line, was often used by Cicero to describe those who who had
the "correct" political views, i.e., who supported the Senate.
optimi cuiusque cupidus: "eager for each patriotic thing."

5 **cuius:** refers to Catiline; take with *facinora*.

7 **magis est ut:** "it is more reasonable that . . . "
errasse = *erravisse*.

8 **non numquam:** "not never, sometimes."

me . . . erroris mei paenitet: "I regret my error," literally, "it grieves me of my error . . . " *paenitet*, which is usually impersonal, takes the person who is grieved in the accusative, and the cause of grief in the genitive.

9   **quam ut:** "than that . . . "; the conclusion of the comparison begun in line 7 with *magis est ut*.

§15   11   **est . . . delapsa:** "slipped down, moved"; < *delabor*.
Posuistis: < *pono*, which here means "assert, allege," and takes an accusative and infinitive in indirect statement.

11-12   **titubanter et strictim:** "in a hesitating and superficial manner" (Austin); *titubanter* and *strictim* are both adverbs.

13   **in quo:** "in this matter . . . "
non modo . . . sed vix: "not only . . . but scarcely . . . "

13-14   **vix . . . oratio:** Cicero says that the account did not even make sense.

14   **Qui:** interrogative adjective modifying *tantus furor* ("What madness so great . . . ?").
quod: interrogative adjective modifying *tantum . . . volnus* ("What misfortune so great . . . ?").

15   **volnus** = *vulnus.*

16   **Nimium** = *nimis* ("too much, too"), adverb modifying *multa*. *multa* is the direct object of loquor.
de re minime dubia: "concerning a matter which admits of very little doubt."

17-19   **Non modo . . . voluisset:**   literally, "Above all he never would have wished, not only if he had been a participant in the conspiracy, but unless he had been very hostile to this crime, to gain favor for his own youth by means of an accusation of conspiracy." Cicero refers here to Caelius' prosecution of C. Antonius Hybrida in 59 BC. Antonius had been Cicero's fellow consul in 63 BC, and Cicero felt obliged to defend Antonius in the trial. Caelius prevailed, and Antonius went into exile. Antonius had been suspected of involvement in the Catilinarian conspiracy, but Caelius had brought him to trial on different charges.

§16   19   **Quod:** "in this regard."

19-21   **haud scio an . . . putem:** literally, "I don't know at all whether I should think . . . "; i.e., "I am inclined to think . . . " (Austin).

20   **de ambitu . . . sequestrium:** "concerning bribery and these accusations of secret friends and bribery agents."

21   **respondendum** (*esse*): *respondendum* is in indirect discourse after *putem*.

22   **commaculasset** = *commaculavisset*, < *commaculo*: "defile, stain."
ambitus: genitive after *accusaret*, < *accuso*, "accuse someone (accusative) of something (genitive)."

23   **eius facti:** depend on *suspicionem*.

24 **perpetuam:** "continuous, complete."

25 **ambitus . . . ambitus:** both genitives.

subeundum: "had to be endured, had to be undergone"; gerundive < *subeo.*

26 **arcesseret:** < *arcesso*, "summon, bring to court."

Quod: connecting relative, object of *facit.*

me invito: "against my will," literally "with me unwilling"; ablative absolute.

26-28 **est eius modi cupiditas ut magis . . . videatur:** "his desire (ambition) is of such a kind that it seems better . . . "

§17 29 **aes alienum:** "debt"; literally, "the money of another."

sumptus: "expenses."

reprehensi (*sunt*): < *reprehendo*, "censure, criticize."

tabulae: "account books."

30 **flagitatae** (*sunt*): < *flagito*, "demand, clamor for."

quam pauca respondeam: indirect question. *pauca* is a cognate accusative (AG 390c).

30-31 **qui in patris potestate est:** The whole clause is the subject of *conficit.* Under Roman law, all property of the household legally belonged to the father, or *pater familias.* All members of the family were considered to be *in patris potestate* ("in the power of the father").

31 **nullas:** modifies *Tabulas* in line 30.

Versuram: < *versura*, "loan, money borrowed to pay another loan."

32 **triginta milibus dixistis habitare:** "You said his rent was 30,000 sesterces"; *triginta milibus* is an ablative of price (AG 416).

33 **P. Clodi insulam esse venalem:** "that P. Clodius has an apartment building for sale"; Cicero pretends that Clodius, who owned the apartment Caelius rented, wanted to sell the apartment building for a high price and thus exaggerated the rent he got from Caelius.

cuius: depends on *in aediculis* ("in whose apartment . . . ").

hic = Caelius.

34 **decem . . . milibus:** ablative of price.

illi: dative, referring to Clodius. *placere* takes the dative.

35 **voltis** = *vultis*, second person singular present active indicative of *volo.*

ad tempus eius: "at the right time for him."

§18 36 **a patre:** belongs to the following clause.

semigrarit = *semigraverit*, perfect subjunctive. The subjunctive is used with *quod* where the reason is given on the authority of someone other than the person speaking (AG 540).

37 **Qui** = Caelius; connecting relative.

cum: governs the two dependent clauses *et . . . esset . . . consecutus* (lines 37-38) and *et . . . posset* (lines 38-39).

37-38 **mihi quidem molestam, sibi tamen gloriosam:** *molestam* and *gloriosam* both modify *victoriam.* Cicero refers to

Caelius' successful prosecution of Antonius (see note on §15, lines 17-19).

38-39   et per aetatem magistratus petere posset: "and (when) he had reached the age that he could run for public office" (literally, "and when he was able to seek public offices through his age"; i.e., because he had reached the right age).

40   suadente: Like *permittente* in line 39, it modifies *patre* and forms an ablative absolute with it.

40-41   quo facilius: "so that . . . more easily." *quo* introduces a purpose clause when the clause contains a comparative, like *facilius* (AG 531a).

41   domus: feminine accusative plural, modified by *nostras. nostras domus* ("our houses") probably refers to Cicero's and Crassus' houses.
obire: present active infinitive of *obeo,* "visit, go to."
coli: present passive infinitive of *colo,* "to look after, tend to, cultivate."
conduxit: < *conduco,* "to rent."

41-42   in Palatio: "on the Palatine"; the Palatine was a hill in Rome where many rich and influential Romans had their homes.

42   non magno: "for not much (money)"; ablative of price.

43   M. Crassus: Crassus spoke on Caelius' behalf just before Cicero. On Crassus, see note on §9, line 40.
Ptolemaei: The reference is to Ptolemy Auletes, king of Egypt who was formally recognized by Rome in 59 BC. In 58 BC his subjects expelled him, he sought help from Rome, and was finally restored in 55 BC.

44   Utinam ne in nemore Pelio--: "Would that not in the Pelian grove . . . " This verse and the two that follow are lines from the opening of the play *Medea exsul* by Ennius, the famous Roman writer of the 3rd to 2nd century BC. Ennius' play was a Roman adaptation of Euripides' *Medea.* In the plays of Ennius and Euripides a character is made to lament the coming of Jason and the Argonauts to Colchis to obtain the golden fleece, but instead of simply saying, "Would that Jason had never sailed to Colchis, and caused all this trouble for Medea," the character starts earlier in the story, saying in effect, "I wish that the trees had never fallen in the Pelian grove that were used to build the Argo, the ship in which Jason sailed to Colchis."

1   mihi . . . liceret: "were it permitted to me . . . , were I allowed to . . . " *liceret* is imperfect subjunctive, implying a present contrary-to-fact idea.
contexere: "to continue."

2   era: < *era, erae,* f., "mistress, lady"; subject of *exhiberet.*

4   Medea: nominative, in apposition to *era.*
animo aegro: ablative of quality (AG 415).
amore saevo: ablative of means with *saucia.*
saucia: adjective modifying Medea. Cicero compares Clodia to Medea, and the effect is both humorous and calculated. Medea is a wild, powerful, vengeful woman who will stop at nothing to get back

at those who hurt her. Cicero is trying to portray Clodia in the same light.

5 **reperietis quod . . . ostendam:** "you will discover what I will demonstrate, that . . . "
id loci: "this place"; literally, "this of place." *loci* is a partitive genitive.

5-6 **hanc Palatinam Medeam** = Clodia.

§19 8 **Quam ob rem:** "therefore."
illa: object of *pertimesco* in line 9.

9 **fretus:** "relying on"; + ablative.

10 **fore** = *futurum esse*, future infinitive of *sum*.
pontificiis comitiis: "during the elections for priests"; ablative of time.

11 **A quo:** "from this man . . . "; *quo* is a connecting relative.

12 **si id queri quam agere maluerit:** "if he preferred to complain about it rather than bring a formal accusation." *agere* is used here to mean "to bring a formal accusation."

13 **tanto post:** "so much later."
queri maluerit: Take with both the *cur*-phrases that precede.

14-15 **ex quo iste fonte senator emanet:** "from what source this senator flows."

16 **commovebor:** "I will be impressed."
arcessitus: < *arcesso*, "summon."

17 **laetabor:** "I will be happy that . . . "; *laetor* often takes an accusative + infinitive in indirect statement, as here (*unum senatorem esse solum . . . inventum*).

17-18 **cum . . . accusatio vestra nitatur:** "although your accusation relies on . . . "; *nitor*, "rely on," takes an ablative.

20 **DE TESTE FUFIO:** This notation is found in one of the manuscripts of the speech. If genuine, it indicates that at this point in the speech Cicero paused to question a witness named Fufius. Most editors (including Austin) do not think the notation is genuine.

§20 22 **Est enim dictum ab illis fore qui:** literally, "For it was said by them that there would be those who . . . "
redeuntis = *redeuntes*, < *redeo*, "return."

23 **attrectatas esse:** < *attrecto*, "assault."
iurati: "on oath"; perfect passive participle from *iuro*, "swear"; it modifies *qui*.

24 **cum sit eis confitendum:** "Since it must be confessed by them that . . . "; *eis* is a dative of agent.

24-25 **se . . . coepisse:** accusative + infinitive after *sit . . . confitendum*.
ne congressu quidem et constituto: "not even by an informal meeting or agreement."

25 **experiri:** infinitive < *experior*, "conduct an investigation."

26 **iam:** "now, already."

26-27 cum inferetur, propulsare debebitis: "when it is introduced, you ought to reject it." *inferetur* and *debebitis* are future indicatives.

§21 29 ut invidiosum sit: "so that there might be resentment . . . "

30 Funguntur officio: "They are doing their duty." *fungor*, "do, perform," takes the ablative.

31 laesi . . . irati . . . lacessiti: all masculine nominative plural perfect passive participles agreeing with the understood subjects of their respective main verbs: *dolent . . . efferuntur . . . pugnant.* **efferuntur:** "they are carried away."

31-32 Sed vestrae sapientiae tamen est: "But nevertheless it belongs to your wisdom . . . "

32 viris fortibus: "for brave men."

33 ideo: "for this reason." **putare:** Take with *non* in line 32.

34 consulendi: gerund depending on *causam . . . iustam. consulo*, "have regard for," takes the dative (*alieno dolori . . . vestrae fidei*). **sit:** subjunctive in indirect question after *videtis* (line 35).

36 quam multos esse arbitramini: "how many do you think there are . . . " **qui:** subject of *soleant* (line 37).

37 ultro: adverb, "of their own accord, spontaneously."

37-38 operam navare: "to offer assistance."

§22 38-39 se . . . proiecerint: "will have intruded themselves"; *proiecerint* is future perfect indicative.

39 excluditote: future imperative, < *excludo*, "shut out."

39-40 sapientia vestra: ablative of means.

40 ut: introduces a purpose clause and governs *videamini* in line 42. **eodem tempore:** "at the same time."

40-41 saluti . . . religioni . . . condicioni: datives after *providisse* (< *provideo*), "care for, look after"; *religioni*: "sense of duty"; *condicioni*: "plight, state."

42 neque: governs *sinam* in line 43. "nor will I allow . . . " **veritatem:** object of *sinam*.

43 quae: The antecedent is *voluntate*.

44 fingi . . . flecti ac detorqueri: "to be fabricated . . . changed and twisted"; *fingi, flecti*, and *detorqueri* are passive infinitives depending on *potest*. **nullo negotio:** "with no trouble at all."

1 signis luce omni clarioribus: "with proofs clearer than all light." *luce omni* is an ablative of comparison.

§23 3 facile patior: "I am pleased with" (literally, "I endure easily").

4 peroratam: "delivered"; perfect passive participle < *peroro*, "speak, deliver a speech." It modifies *partem*.

4-5 de seditionibus Neapolitanis, de Alexandrinorum pulsatione Puteolana, de bonis Pallae: "concerning the insurrections at Naples, the violence done to the Alexandrians at Puteoli, and the property of Palla." These were three of the five formal charges brought against Caelius at the trial, but since they were treated in Crassus' lost speech, we know little about the details of each. The two other charges against Caelius were the attempted murder of Dio, an envoy sent to Rome by the Alexandrians, and the attempted poisoning of Clodia. Cicero deals with these in the present speech. For more information on what we know about each of the five charges, see Austin, appendix V, pp. 152-154, and Wiseman, pp. 54-91.

5   **Vellem dictum esset ab eodem:** "I only wish that he had spoken" (literally, "I wish it had been spoken by the same man"). *Vellem* is an imperfect subjunctive expressing an impossible wish at the present time (AG 442b). It takes the subjunctive (*dictum esset*) without *ut*.

6   **de Dione:** Dio was an Academic philosopher from Alexandria, Egypt. He was selected to head a delegation which the Alexandrians sent to Rome in 58 BC in order to persuade the Romans not to reinstate their deposed King Ptolemy Auletes (see note on §18, line 43, and the Introduction). Dio was murdered in 57 or 56 BC.
    De quo ipso: "about this very thing . . . "
    exspectetis: < *exspecto* , subjunctive in a relative clause of characteristic (AG 535).
    quod is: "because he . . . "

7   **fatetur:** "admits, confesses."
    rex: King Ptolemy of Egypt. See note on §18, line 43.

8   **P. Asicius:** Publius Asicius had been successfully defended by Cicero in an earlier trial when he was accused of being involved in Dio's murder.
    Quod: connecting relative, "This."

9   **eius modi . . . ut:** "of such a kind that . . . "

9-10 **id hic pertimescat qui:** "should he (sc. Caelius) fear it (= the charge) who . . . "; *pertimescat* is a deliberative subjunctive (AG 443-444).

10   **a facti . . . a conscientiae suspicione:** *suspicione* goes with both *a facti* and *a conscientiae* .

11   **Asicio:** dative after *profuit* (< *prosum*, "benefit"). Asicius apparently benefited from the publicity surrounding his trial.
    invidia: nominative, subject of *nocuit*.
    huic = Caelius; dative after *oberit* (< *obsum*, "harm").

12-13 **non modo . . . ne . . . quidem:** "not only not . . . but not even." (AG 217e).

13   **est aspersus:** < *aspergo*, "sprinkle, stain."

§24 13   **At:** "yes but"; *at* is often used to introduce a supposed objection.
    praevaricatione: "by collusion," i.e., "by a secret and illegal agreement between the prosecution and defense."

14   **isti loco:** "to this point"; dative after *respondere*.

15 **Sed . . . arbitratur:** "But Caelius thinks that Asicius' case is a very strong one."
   cuicuimodi: "of whatever kind . . . "; = *cuicui modi*, < *quisquis + modus*.
16 **a sua:** "from his own (case)."
18 **praediti:** "endowed with"; + ablative; modifies *adulescentes* in line 17.
   Titus Gaiusque Coponii: little is known about Titus and Gaius Coponius beyond what Cicero says here. Dio, an envoy from Alexandria, apparently stayed at Titus' house when he was at Rome.
   ex omnibus: "above all, more than anyone else."
19 **cum . . . tum etiam:** "both . . . and also . . . "
   doctrinae studio atque humanitatis: "by their pursuit of learning and culture"; *doctrinae* and *humanitatis* are genitives depending on *studio*.
20 **Dionis:** genitive depending on *hospitio*, < *hospitium*, "ties of hospitality, guest-host relationship."
   tenebantur: "were united, were bound together by."
   apud Titum: "at Titus' house, with Titus."
20-21 **erat ei cognitus Alexandriae:** "he was an acquaintance of his at Alexandria"; *Alexandriae* is locative.
21 **summo splendore:** ablatives with *praeditus*.
22 **si producti erunt:** "if they are brought forward (as witnesses)." *producti erunt* is future perfect.

§25 23 **removeantur:** jussive subjunctive.
   aliquando: "at last."
24-25 **L. Herennium:** Cicero now turns to address the charges brought against Caelius by Lucius Herennius Balbus, who had spoken last for the prosecution. For more information on Caelius' prosecutors, see Austin, appendix VI, pp. 154-157.
25-26 **In quo etsi magna ex parte . . . tenebamini:** "On this point, even if in large part you were captivated . . . "
26 **illa:** modifies *oratio* in line 27.
27 **ad criminandum:** *ad* + gerund expresses purpose.
28 **accederet:** "enter, enter in"; subjunctive after a verb of fearing, governed by the *ne* in line 26 (AG 564).
29-31 **qui . . . esset . . . et . . . soleret:** a relative clause expressing concession (AG 535e). Translate "Although he is . . . and is accustomed . . . " *qui* = Lucius Herenius Balbus.
29-30 **in hac suavitate humanitatis:** "in that refinement of manners." Take with *versari periucunde soleret* in lines 30-31.
30 **qua prope iam delectantur omnes:** "by which nearly all are delighted now."
31 **quidam:** "a certain, what one might call."
   patruus: "uncle." The word technically denotes a father's brother, and was often used of a "severe reprover" (Lewis and Short).
33 **Quid quaeritis:** i.e., "what more can I say?"
34 **ignoscebam:** < *ignosco*, "forgive" (+ dative).

egomet: "I myself." Emphatic form of *ego*.

§26 36-37 fuisse . . . Caelium familiarem: "that Caelius was a friend"; infinitive and accusative in implied indirect statement. The three infinitives that follow (*cenasse, ventitasse,* and *studuisse*) are in the same construction.

36 **necessario:** < *necessarius, -i*, m., "friend."
Bestiae: Bestia was the father of Atratinus, one of Caelius' chief prosecutors. In his speech Herrenius apparently had emphasized the close connection between Caelius and Bestia in order to make Caelius' prosecution of Bestia seem a betrayal of their friendship.

37 **cenasse** = *cenavisse* (< *ceno*, "eat, dine").
ventitasse domum: "visited him frequently at home" (*ventitasse* = *ventitavisse*).
studuisse praeturae: "supported him when he he ran for praetor" (literally, "supported his praetorship").

38 **una:** "together, at the same time"; adverb.

40 **quod:** "that." Its antecedent is *illud*.
in Lupercis: The Luperci were a group of priests of Lycian Pan. The group was an ancient one, and on the feast of the Lupercalia (February 15) they ran around the boundaries of the Palatine in Rome dressed only in loin cloths, striking women with strips of goat skin to insure fertility.

40-41 **Fera . . . pastoricia . . . agrestis:** nominative adjectives modifying *sodalitas*, "organization.".

42 **coitio:** < *coitio, -onis*, f., "association."
ante est instituta quam: "was instituted before." *ante . . . quam* = *antequam,* "before."

43 **nomina deferunt:** "they accuse." *nomina deferre* is a technical phrase for impeaching or accusing.

44-1 **ut . . . videantur:** purpose clause.
ne . . . nesciat: clause of fearing after *timere*.

§27 3 Deliciarum obiurgatio: "his attack on vice."
et ea lenior: "and it was rather subdued."

3-4 **plusque disputationis . . . quam atrocitatis:** "more argumentation . . . than severity." *disputationis* and *atrocitatis* are partitive genitives (Literally, "more of argument than of severity").

4 **quo:** "for which reason, whence."
P. Clodius: Most editors, including Austin, think the P. Clodius mentioned here as having spoken on behalf of the prosecution was not the same man as P. Clodius Pulcher, brother of Clodia and Cicero's arch political enemy. If the P. Clodius mentioned here were Cicero's enemy P. Clodius Pulcher, Cicero would have gotten a tremendous laugh from the jurors by calling him *amicus meus*. On the question see Austin, Appendix VI, pp. 155-156.

5 **se . . . iactaret:** "was conducting himself."

5-6 omnia inflammatus ageret: "ablaze with passion he was treating everything . . . " The adjective *inflammatus* modifies the understood subject of *ageret*, and has adverbial force (AG 290).

7 aliquot: "several." Take as an adjective modifying *causis*.

8 frustra: "in vain," i.e., "without winning."
Balbe = Herennius, whose full name was Lucius Herennius Balbus.
precario: "by entreaty, begging your pardon"; adverb of *precarius, a, um*.

9 si licet, si fas est: "if it is permitted, if it is right . . . "
defendi: present passive infinitive of *defendo*, in an infinitive + accusative construction after *si fas est*.
renuerit: < *renuo*, "turn down, refuse."

9-10 renuerit, fuerit, sumpserit, viderit: perfect subjunctives in relative clauses of characteristic (AG 534-535).

10 unguenta sumpserit: "wore unguents, wore perfume"; *sumpserit* < *sumo*.
Baias: Baiae was a famous beach resort near Naples.

§28 11 in hac civitate: "in this citizenry."
primoribus labris: literally, "with the tip of their lips." *primoribus labris gustare* means "to get a slight taste of, to gain superficial knowledge of."

12 extremis, ut dicitur, digitis: "with (only) the very tips, so to speak, of their fingers."
attigissent: < *attingo*, "touch."

13 emersisse aliquando: "have risen up at last." *emersisse* < *emergo*. The subject is *multos* in line 11.

13-14 ad frugem bonam: "to good fruit," i.e., to good results.

14 gravisque . . . inlustris: adjectives modifying *homines*.

15 Datur . . . aliqui ludus: "Some playfulness is granted . . . "
concessu omnium: "by the concession of all."
huic: modifies *aetati*.

17 haberi: "to be thought, to be considered."

§29 18 videbare = *videbaris*.
ex communi infamia iuventutis: "from the general prejudice against youth."

18-19 velle conflare: "to wish to attach . . . "

19-20 est . . . tributum: "was given."

20 ob eam causam quod: "on account of this reason, because . . . "
uno reo proposito: ablative absolute; "although only one defendant was at issue . . . "

22 deficiat . . . coner: present subjunctives in a future less vivid condition.
in eam sententiam: "on this topic."

22-23 de corruptelis, de adulteriis, de protervitate, de sumptibus: "concerning seductions, adulteries, outrageous conduct, throwing money away . . . "

24 **Vt ... proponas:** "even if you introduce"; concessive clause
    (AG 527a).
    res ... ipsa: "the thing itself," i.e., "vice itself."
25 **vestrae sapientiae:** predicate genitive with *est* (AG 343b-c).
    non abduci: The infinitive is subject of *est*.
26 **nec:** links *abduci* and *emittere*.
    quos aculeos ... vestra: the clause is the object of *emittere*.
    aculeos: "stings, barbs."
26-27 **cum eos accusator erexerit in rem:** "when the prosecutor
    has raised them against the present case ... "; *eos = aculeos*; *erexerit*
    < *erigo*, "lift into the air, raise up."
28-29 **sit in quoddam odium iniustum vocatus:** "has become the
    object of some unfair hatred" (literally, "has been summoned into
    some unjust hatred").

§30 29 **ita ut:** "just as."
    30-31 **Erat ... meum ... deprecari ... petere:** literally, "it
    was mine to try to ask for ... and to seek ... "; *deprecari* < *deprecor*,
    "try to ask, try to obtain." Cicero means that if he were to adopt the
    normal response to the attack on the misdeeds of a young person, he
    would do it by seeking the usual indulgence granted to a youth.
31 **perfugiis:** < *perfugium*, "excuse"; ablative after *utor*.
    nihil: "not at all."
    aetatis: genitive depending on *perfugiis*.
31-32 **concessa omnibus iura:** "rights granted to all"; *iura* < *ius*,
    "law, right."
32 **tantum peto:** "I only ask ... "
32-34 **ut ... ne ... noceant:** "that (these things) not injure ... "
32 **hoc tempore:** "at this time."
33 **aeris alieni:** "of debt"; < *aes alienum*.
34 **huic:** dative object of *noceant*. *huic* = Caelius.
35 **ego idem:** "I likewise ... "; *ego* is the subject of *recuso*, line 36.
35-36 **quin criminibus ... diligentissime respondeam:** "to
    respond very carefully to the charges ... " The clause is a *quin*-clause
    following *non recuso* (AG 558).
37 **auri et veneni:** genitives depending on *crimina*.
38 **persona:** "actor, character, individual"; *persona* was the word
    normally used of an actor in a play, a character in a speech or story, or
    a role one played. It was not the normal word for "person," for which
    the Romans used words like *homo, femina*, and *vir*.
    sumptum ... quaesitum: sc. *est* with each.
39 **quod Clodiae daretur:** "to be given to Clodia"; relative clause of
    purpose.
    ut dicitur: *ut* means "as" with the indicative.
40 **iurgi petulantis ... publicae quaestionis:** genitives of
    quality. Translate, "more characteristic of unruly abuse ... than of a
    public investigation ... "
41 **sequester:** "go-between for a briber," i.e., someone who is involved
    in bribery.

convicium . . . non accusatio: "insulting talk . . . not formal accusation."

41-42 **Nullum . . . fundamentum . . . nullae sedes:** "no foundation . . . no firm basis."

42 **contumeliosae:** < *contumeliosus, -a, -um*, "insulting, outrageous."

43 **temere:** "recklessly, without good cause"; adverb.
nullo auctore: "with no one to back him up," i.e., with no witness.

§31 1 **Auro opus fuit:** "There was a need for gold, Gold was needed."
Auro is an ablative with *opus fuit*.
sumpsit: < *sumo*, "get, procure, borrow"; Caelius is the understood subject.
quamdiu: "for as long as."

2 **cuiusdam:** modifies *familiaritatis*.
Necare: < *neco*, "kill, put to death."

3 **sollicitavit quos potuit:** "he enticed those he could."
paravit: "he prepared (the poison)."

4 **attulit:** < *affero*; "he brought (the poison there)."
rursus: "on the contrary."

5 **muliere:** ablative, in apposition to the ablative *Clodia. nobili* and *nota* are also in the ablative.

6 **de qua:** *qua* is a connecting relative; its antecedent is *Clodia*.

6-7 **depellendi criminis causa:** *causa* with the genitive of the gerund or gerundive expresses purpose (AG 504b).

§32 7 **pro:** "by virtue of."

7-8 **Cn. Domiti:** Gnaeus Domitius Calvinus was the president of the court.

8 **Quae:** connecting relative , still referring to *Clodia*.

9 **commodasse** = *commodavisse*; < *commodo*, "give, supply."

10 **petulanter:** "rudely, inappropriately."
matrem familias: "mother of the household," (*familias* = *familiae*) a formal title (like *pater familias, filius familias* and *filia familias*) indicating one's position in the Roman family. *matrem familias* is direct object of *nominamus*.

10-11 **secus quam . . . postulat:** "other than what the sanctity of a married woman requires." .

11 **Sin:** "but if, if however."
ista muliere remota: ablative absolute.

12 **ad oppugnandum M. Caelium:** *ad* + gerundive indicates purpose.
quid est aliud quod nos: "what else is there but that we . . . "

12-13 **quod . . . debeamus:** relative clause of characteristic (AG 534-535).

13 **nisi ut . . . repellamus:** "except to drive back those who attack."

14 **facerem:** subjunctive in a present contrary to fact condition.

15   **viro:** "husband," a normal meaning of *vir*. Cicero refers to P.
      Clodius, the brother of Clodia and his hated political foe. By this
      seeming slip and hasty correction, Cicero plays on rumors of an
      incestuous relationship between Clodius and Clodia.
      hic: "here, on this point."
16   **longius . . . quam:** "longer than . . . "
      mea fides: "my sense of responsibility"; Cicero refers to the sense
      of responsibility he feels to his client Caelius.
17   **muliebris** = *muliebres*. It modifies *inimicitias*.
      ea: ablative with *cum*.
18   **potius quam:** "rather than."

§33   20   **prius:** "first of all"; adverb.
      utrum: Take with *an* in line 21. The construction is an indirect
      question: "Whether . . . or . . . "
20-21 **severe et graviter et prisce:** "sternly and forcefully and in an
      old fashioned way."
21   **malit:** present subjunctive (< *malo*, "prefer") in an indirect question.
      an remisse et leniter et urbane: "or mildly and lightly and in a
      civilized manner."
21-22 **illo austero more ac modo:** "in that harsh way and manner";
      ablatives of manner (AG 412).
22   **mihi:** dative of agent with the passive periphrastic *excitandus est*
      (AG 374a).
      ab inferis: "from those who live in the underworld."
23   **hac barbula:** "with this little beard"; ablative of quality (AG 415).
      qua: "by which"; ablative feminine singular.
      ista: "this woman"; i.e., Clodia.
      horrida: "bushy, bristling, wild."
24   **imaginibus:** < *imago*, "picture, representation, death mask."
      imagines were wax masks of dead ancestors that were kept in the
      atrium of a Roman house and worn by living members of the family
      during funeral processions.
      qui obiurget: relative clause of purpose; the antecedent of *qui* is
      aliquis in line 22. *obiurget* < *obiurgo*, "scold, rebuke."
25   **ne . . . suscenseat:** negative purpose clause; *suscenseat* <
      suscenseo, "be angry at" (+ dative).
      Exsistat: jussive subjunctive < *exsisto* (*existo*), "come forward, rise
      up, rise up from the dead."
26   **ac potissimum:** "and especially, and in particular."
      Caecus: Appius Claudius Caecus. A famous ancestor of Clodia, he
      received the name Caecus because he was blind (Cicero puns on this in
      the next line). He was censor in 312 BC, and held the consulship
      twice, in 307 and 296. His accomplishments included building the
      Appian Way and the *Aqua Appia*, Rome's first aqueduct. In 279/8 he
      persuaded the Senate to reject the treaty offered them by Pyrrhus, a
      Greek king who was leading the city of Tarentum in Southern Italy in
      a war against Rome. Cicero refers to each of these incidents,
      effectively and humorously turning each of them against Clodia.

26-27 **minimum . . . videbit:** because he is *caecus* ("blind"),
Appius Claudius Caecus will take the least offense of any of her
ancestors at Clodia's appearance.

27 **profecto:** "undoubtedly."
exstiterit: future perfect indicative < *exsisto.*

28 **adulescentulo:** < *adulescentulus, -a, -um,* "very young, extremely
young."

28-29 **cum alieno:** "with a stranger," i.e., "with someone who is not
your husband or a relative."

30-31 **Non . . . fuisse:** "Had you not seen that your father, had you
not heard that your paternal uncle, your grandfather, your great-
grandfather, your great-great-grandfather, and your great-great-great-
grandfather were consuls?" *videras* governs *patrem; audieras* governs
patruum, avum, etc.

§34 32 **modo:** "just now, recently."
te Q. Metelli matrimonium tenuisse: "that you were the
spouse of Q. Metellus." Q. Metellus, Clodia's deceased husband, was
a leading Roman politician who died in 59 BC. There was a rumor
that Clodia had poisoned him.

33 **clarissimi:** This word and the nouns and adjectives that follow are
genitive singulars, in apposition to *Q. Metelli.*

33-34 **qui simul ac pedem limine extulerat:** "who as soon he had
put his foot out the door"(*simul ac = simul atque,* "as soon as").

34 **omnis . . . civis:** accusatives (= *omnes . . . cives*); object of
superabat.

36 **cognatus, adfinis, viri tui familiaris?:** "(Was he) related by
blood, related by marriage, a close friend of your husband?"; *viri tui*
are genitive singular, *familiaris* is nominative singular.

37 **nisi quaedam temeritas ac libido:** "except a kind of
recklessness and lust."
te: the object of *admonebat* in line 39.

38 **nostrae imagines viriles:** "our masculine images," i.e., the
death masks of the male members of our family. On *imagines,* see
above, note on §33, line 24.
progenies: "descendant."

38-39 **Q. illa Claudia:** "the famous Quinta Claudia" (*illa* = "the
famous"), an ancestor of Clodia's who in 204 BC played an important
role in helping Rome receive the image and worship of the goddess
Cybele (Magna Mater). The story is told in Livy, Book 29. 14.

40 **virgo illa Vestalis Claudia:** "the famous Vestal Virgin
Claudia"; the daughter of Appius Claudius Pulcher (consul in 143),
who prevented her father from being dragged from his chariot while he
was celebrating a triumph.
complexa: < *complector,* "embrace"; it is a perfect *active*
participle, taking *patrem* as its direct object.

41 **passa non est:** "did not allow" (< *patior*). Its subject is *quae* in line
40.
te: direct object of *moverunt* in line 43.

fraterna vitia: "the vices of your brother"; i.e., of Clodius.

42 **potius quam:** "more than."

42-43 **bona paterna et avita et . . . repetita:** "the noble actions done by your father and grandfather, and continuously repeated from my own time both among the men and also the women (in our family)."

43 **Ideone** = *ideo* + *ne*: "Was it for this . . . ?"

diremi: perfect of *dirimo*, "break off, end." Cicero alludes to Caecus' actions in 279/8 BC, when he persuaded the Senate to reject the treaty offered them by Pyrrhus, a Greek king who was leading the city of Tarentum in Southern Italy in a war against Rome.

44 **foedera ferires:** *foedus ferire* ("strike an agreement") is an ambiguous phrase. *foedus* can mean either a political treaty, or an individual bargain or agreement. Here Cicero, playing on its political meaning, uses it in the sense of "making lovers' agreements," i.e., "having affairs."

ideo aquam adduxi: literally, "was it for this that I led in water." Cicero alludes to Caecus' construction of Rome's first aquaduct, the *Aqua Appia*, completed in 312 BC.

1 **inceste:** "unchastely," i.e., after having had intercourse.

uterere = *utereris*; < *utor*.

ideo viam munivi: "was it for this that I built the road." Cicero refers to Caecus' building of the Appian Way.

alienis viris: "with men who are not related to you."

comitata: < *comito*, "accompany, escort." It is the perfect passive participle "accompanied by," modifies the feminine singular nominative pronoun *tu*, and takes an instrumental ablative *alienis viris*.

§35 3 **quid:** "why?"

verear: present subjunctive in a result clause.

4-5 **illa sua gravitate censoria:** ablatives; "with that censorial seriousness of his."

5 **videro:** "I shall see to . . . "; future perfect.

5-6 **ut . . . confidam:** result clause after *ita*; *confidam* = "I am confident that . . . "

6 **me probaturum esse:** "I will recommend . . . "

7 **nulla persona introducta:** ablative absolute. For the meaning of *persona*, see above, note on §30, line 38.

8 **ea:** neuter plural object of *probare cogitas* in line 9.

9 **rationem:** object of *reddas atque exponas*, line 10.

10 **necesse est:** "it is necessary"; + subjunctive (*reddas, exponas*).

Accusatores: subject of *iactant*, line 12.

11-12 **libidines . . . navigia:** "orgies, love affairs, acts of adultery, vacations at Baiae, beach parties, dinner parties, drinking parties, songs, music groups, boats"; accusative objects of *iactant*.

12 **iactant:** "mention, keep mentioning."

te invita: "with you unwilling, against your wishes"; ablative absolute.

13   **Quae:** "these things," connecting relative. It is the object of
     voluisti, line 14.
     nescio qua: literally "with I do not know what . . . "; modifies
     mente, as do *effrenata* and *praecipiti*.

14-15 **diluas, doceas, fateare** (= *fatearis*): subjunctives depending
     on *oportet* ("it is necessary that . . . "). *oportet* often takes the
     subjunctive without *ut*. *diluas* < *diluo*, "clear away, explain."
     nihil . . . credendum esse: "that no trust at all should be
     given"; + dative.

§36 16   **urbanius:** "in a more refined, modern way"; comparative adverb of
     urbanus, -a, -um.
     mavis: second person singular indicative active of *malo*, "prefer."
17   **ex his:** Understand a word like *viris* with the phrase; = "from these
     men"; i.e., the more modern kind.
17-18 **ac potissimum:** "and especially."
18   **minimum fratrem:** "youngest brother"; i.e., Clodius, Cicero's
     hated political enemy.
     qui . . . urbanissimus: "who in this respect is the most refined."
     urbanissimus is not a compliment.
     qui: connecting relative (= "he").
19   **nescio quam:** "some"; modifies *timiditatem*; see note on §35, line
     13.
20   **pusio:** < *pusio, -onis*, m., "little boy."
21   **putato:** second person singular future imperative. Translate simply
     as "think, imagine."
     loqui: present infinitive in indirect statement after *putato*.
     Quid tumultuaris, soror: "Why are you so upset, sister?"
     insanis: < *insanio*, "rage."
22   **Quid . . . facis:** "Why are you shouting and making a big deal out
     of nothing?" (literally, "Why, having begun to cry out in words, do
     you make a little thing big?"). The quotation is taken from a Roman
     comedy. The author is unknown.
     exorsa: < *exordior*, "start, begin"; the object is *clamorem*.
23   **aspexisti:** < *aspicio*, "behold, see."
     candor . . . proceritas, voltus oculique: "shining
     complexion . . . height, good looks, and eyes"; nominative subjects of
     pepulerunt.
24   **pepulerunt:** < *pello*, "strike"; its object is *te*.
     non numquam: "sometimes."
25   **vis:** < *volo*.
     filium familias: "son of the house"; cf. *matrem familias* above,
     §32, line 10.
     patre parco ac tenaci: "with a stingy and parsimonious father."
26   **devinctum:** modifies *filium*. ("you wished to hold . . . the son . . .
     bound . . . ").
     calcitrat, respuit, repellit: "he kicks back at you, he rejects
     you, he drives you away."
27   **tanti:** "worth so much." *tanti* is a genitive of price or value.

alio: "elsewhere, to another place."

27-28 **eo loco:** locative: "at that place."

28 **quo:** "where."

natandi causa: "to swim," literally, "for the sake of swimming."

hinc: adverb meaning "from here," i.e., "from the gardens."

condiciones: "love affairs, liaisons."

29 **legas:** < *lego*, "choose"; subjunctive after *licet*.

huic: dative after *molesta es. huic* = Caelius.

§37 30 **vicissim:** "in turn."

30-31 **mihi . . . suscipio:** "I take up for myself."

31 **patriam:** < *patrius, -a, -um*, "paternal, of a father"; modifies *auctoritatem*.

32 **Caecilianumne:** The *-ne* on the end of this word shows that it is in an indirect question after *dubito. Caecilianus* is an adjective modifying *aliquem*, meaning "of Caecilius," a comic poet of the second century BC.

33 **demum:** "now at last."

mi: poetic form of *mihi*.

ira: "with wrath"; ablative singular.

36 **Ferrei:** "made of iron, cruel, harsh."

37 **dicam, velim:** deliberative subjunctives (AG 443-444).

quae: connecting relative modifying *omnia. quae omnia* is the object of *facis*.

38 **Tuis foedis factis:** "with your foul deeds."

ut nequiquam velim: "so that I wish in vain."

39 **vix ferendi:** "scarcely to be endured"; modifies *patres* in line 36.

40 **inlecebris cognitis:** "when her allurements were understood"; ablative absolute.

41 **nosti** = *novisti*, perfect of *nosco*, "know."

Dide ac dissice: "scatter and squander"; imperatives. *dissice* < *disicio (dissicio)*, "scatter."

42 **Per me:** "as far as I am concerned."

dolebit: "it will be a source of pain."

43 **Mihi . . . meae:** "I have enough so that I can take pleasure in what remains of my life."

qui . . . oblectem: *qui* + the subjunctive in a relative clause of purpose ("by which I might take pleasure in" = "to take pleasure in"). *qui* is adverbial, and means "by which, so that" (AG 150b).

aetatis: partitive genitive depending on *quod. quod . . . aetatis*: "what of age . . . "

relicuom = *reliquum*; archaic form from *reliquus, -a, -um*.

§38 1 **nulla cupiditate:** ablative of means with *inductum* (< *induco*, "lead").

2 **Quid signi?:** "What proof (is there)?", literally "What of proof?" *signi* is a partitive genitive.

2-3 **Nulli sumptus, nulla iactura, nulla versura:** "There is no spending, no squandering, no refinancing of debts."

3   **Quotus quisque . . . potest:** "How few are able . . . " The idiom is singular in Latin, but is best translated by the plural in English.

    istam: sc. *famam.*

4   **miraris:** "are you surprised?"; + accusative (*vicinum*) and infinitive (*male audisse*). *audisse* = *audivisse; male audire* = "to be slandered."

5   **germanus:** "having the same mother and father, full (as opposed to half) brother or sister"; modifies *frater.*

    sermones iniquorum: "the gossip of ill-wishers."

6   **patri:** *patri* is a "dative of the person judging" (AG 378). Translate: "he (i.e., Caelius) is of this sort to a lenient and merciful father." i.e., a lenient father would look at him in this way.

7-8 **Fores . . . resarcietur:** "He has broken down the doors, they will be restored; he has ripped the garment, it will be repaired." From Terence, *Adelphi* (*The Brothers*), 120-1.

7   **ecfregit** = *effregit*, < *effringo*, "break down."

9   **esset:** potential subjunctive (AG 445-447).

10   **si esset aliqua:** protasis of a present contrary to fact condition. "If there were some woman . . . "

11   **istius:** i.e., *Clodiae*; genitive feminine singular depending on *dissimilis* ("different from this woman").

    decretum: "picked out (i.e., as her lover)"; perfect passive participle of *decerno.*

12   **cuius:** depends on *hortos, domum, Baias* (" . . . in whose gardens, house, place at Baiae").

    iure suo: literally, "by their own right" = "naturally, easily, automatically."

13   **quae:** feminine nominative singular, subject of *aleret.*

    adulescentis = *adulescentes.*

    patrum: genitive plural of *pater*, "father."

14   **sustineret:** < *sustineo*, "bear the weight of, make good."

    vidua: "widow"; < *viduus, -a, -um*, "lacking a husband or wife."

    libere: "freely"; adverb from the adjective *liberus, -a, -um.*

15   **meretricio more:** "like a whore," literally, "in a whorish manner."

    viveret: understood with each of the short clauses that precedes. *Si vidua* (*viveret*) *libere*, etc.

16   **paulo liberius:** "a little too freely."

    salutasset = *salutavisset*, < *saluto*, "greet, salute."

§39 19-20 **ut . . . adulescentiam suam conlocaret:** "so that he might spend his youth . . . "

20   **Ego:** subject of *puto*, line 27.

21   **hoc robore . . . hac indole:** ablatives of quality (AG 415).

23   **contentione:** < *contentio*, "exercise, constant use."

    quem: object of *delectaret. quies, remissio, studia, ludi,* and *convivium* are subjects of *delectaret. delectaret* is singular because it agrees with *convivium*, the last subject expressed (AG 317c).

24   **remissio:** "relaxation, taking it easy."

aequalium: genitive plural of *aequalis, -e.* Translate, "of those who are the same age, of his contemporaries."

26 **mea sententia:** "in my opinion"; ablative.

27 **Ex hoc genere:** "of this type."

27-28 **Camillos, Fabricios, Curios:** ancient Romans who represented the ideal of what a Roman should be and do. M. Furius Camillus was dictator in 396 BC, and captured Veii, an Etruscan town close to Rome. C. Fabricius Luscinus was a leading figure in the war against Pyrrhus, and was censor in 275 BC; Man. Curius Dentatus defeated the Samnites (290 BC) and Pyrrhus (275 BC).

§40 28 **haec:** "these things," i.e., "these things we have, this country."

29 **in moribus nostris:** "in the way we live now."
vix: "scarcely"; take with both *non solum* and *sed*: "not only scarcely . . . but scarcely . . . "

30 **Chartae quoque:** "Even the pages . . ."; subject of *obsoleverunt.*

31 **obsoleverunt:** < *obsolesco,* "be forgotten about, sink into obscurity, fade away."
neque solum: "and not only."
hanc sectam rationemque vitae: "these guiding principles and way of life."

31-32 **re magis quam verbis:** "in deed more than in words."

33 **quibus:** dative depending on *licebat* in line 34. "to whom it was permitted . . . "
cum: "although"; introduces a concessive clause.
facere: "to act."

34 **alia quaedam:** modify *praecepta* ("certain other principles").
mutatis Graeciae temporibus: "now that the times have changed in Greece"; ablative absolute.

35 **exstiterunt:** "have arisen"; < *exsisto.*

§41 35 **alii:** "some men." The first group Cicero alludes to are the Epicureans, followers of Epicurus (341-270 BC), who taught that pleasure (defined as the absence of pain) was the highest good. Cicero often criticizes the Epicureans.
sapientes: accusative subject of *facere* in indirect statement after *dixerunt.*

36 **alii:** the Academic and Peripatetic schools. The chief proponent of the position that Cicero describes here was Antiochus of Ascalon (c.130-68 BC), a teacher of Cicero's and a reviver of the "Old Academy."

37 **dignitatem:** "virtue."

37-38 **res maxime inter se repugnantis:** "things (i.e., pleasure and virtue) that are especially hostile to each other." *repugnantis = repugnantes.*

38 **dicendi facultate:** "by skillful argument"; literally, "by their power of speaking."

38-39 illud . . . probaverunt: "Those who argue that the only direct path to praise involves effort . . . " Cicero here refers to the Stoics, who taught that the highest good was virtue.

39 prope soli: "almost alone, almost deserted."

40 genuit: perfect indicative of *gigno*, "beget, produce."

sopita: perfect passive participle of *sopio*, "put to sleep"; modifies *virtus*.

41 coniveret: < *coniveo*, "close or shut the eyes."

adulescentiae: dative; "to youth."

ostendit: Understand *natura* as the subject.

quibus: "on which"; ablative after *insistere* ("to stand on").

illa: i.e., *adulescentia*; subject of *posset*.

43 dedit: Again, understand *natura* as the subject.

haec aetas: "this age," i.e., youth.

44 iam conroborata: sc. *aetas*; *conroborata* <*conroboro*, "strengthen, make strong."

§42 44 forte: "by chance."

inveneritis: future perfect of *invenio*, "find."

1 aspernetur: present subjunctive in a relative clause of characteristic, as are *capiatur* and *excludat*.

2-3 huic homini . . . putabunt: "I perhaps and a few others will think that the gods are kind to this man, but most will think that the gods are angry at him."

4 via: "path (of philosophy)."

interclusa iam frondibus et virgultis: "now overgrown with branches and bushes."

5 relinquatur: jussive subjunctive, as are the other subjunctives that follow.

5-6 non omnia voluptatibus denegentur: literally, "do not let all things be denied to pleasures"; i.e., "don't let all pleasure be eliminated."

7 dum modo: "provided only that . . . "; + subjunctive (*teneatur*).

7-8 illa . . . praescriptio moderatioque: "the following rule and guide." *illa* = "the following," i.e., the one he goes on to describe in the following lines.

in hoc genere: "in this situation."

8 Parcat iuventus pudicitiae suae: "Let youth (= a youth) retain its (his) sense of shame."

9 alienam: sc. *pudicitiam*.

ne faenore trucidetur: "let him not be ruined by debt." *faenore* < *faenus, -oris*, "debt."

10 labem: < *labes*, "ruin, disaster."

11 quem = *aliquem* after *ne*.

12 paruerit, dederit: future perfects (*paruerit* < *pareo*, "give in to, indulge in"). The two clauses lack a conjunction like *et*. This is called *asyndeton* (AG 601c).

15 ut: governs *videatur* in line 16, and introduces a result clause.

ea: "those things"; direct object of *abiecisse* and *contempsisse*.

quae ... perspexerat: relative clause whose antecedent is *ea.*

§43 17 **et nostra et patrum maiorumque memoria:** "both in our
memory and in the memory of our fathers and ancestors."
18 **quorum:** depends on *eximiae virtutes* ("whose outstanding virtues").
19 **defervissent:** < *defervesco,* "cease boiling, cool down, simmer
down."
eximiae: < *eximius, -a, -um,* "outstanding, exceptional."
firmata iam aetate: "when they got older" (literally, "their age
now having been fortified").
20 **vosmet:** "you yourselves"; *vosmet = vos + met;* -*met* is a particle
attached to certain pronouns for added emphasis.
21 **cuiusquam fortis ... inlustris viri:** genitives.
21-22 **ne ... quidem:** "not even."
22 **Quod:** "this"; connecting relative, direct object of *facere.*
23-24 **partim ... partim:** "partly ... partly ... , in the case of
some ... in the case of others ... "
25-26 **quae ... defenderet:** literally, "which things, once they have
been concealed by many virtues, whoever wishes could defend by a
plea based on his young age." *quae:* object of *defenderet.*
26 **obtecta:** < *obtego,* "conceal."
qui vellet: "whoever wishes." The relative clause is the subject of
defenderet.

§44 28 **fretus vestra sapientia:** "relying on your wisdom."
29-30 **nulla conviviorum ac lustrorum libido:** "no passion for
parties and sleazy places."
30 **Quod ... vitium ventris et gurgitis:** "this vice of eating and
drinking too much" (literally, "this vice of the stomach and the
whirlpool"); *venter* ("stomach") and *gurges* ("whirlpool, eddy") were
both words used of gluttons. *Quod ... vitium* is the object of *non
minuit* and *auget.*
32 **firmiore animo praeditis:** "to those endowed with stronger
characters."
33 **mature ... et celeriter:** "at an early age and quickly."

§45 34 **Audistis** = *audivistis.*
cum pro se diceret: "when he spoke on his own behalf." Cicero
refers to the speech Caelius gave earlier in the trial.
34-35 **antea cum accusaret:** "at an earlier time when he was
prosecuting"; i.e., when Caelius prosecuted C. Antonius Hybrida in
59 BC (on which see the note on §15, lines 17-19) or when he
prosecuted L. Calpurnius Bestia, Atratinus' father, in February, 56
BC.
35 **defendendi ... causa, non gloriandi:** "for the sake of
defending, not for the sake of boasting." This might seem like
boasting on Cicero's part because he helped train Caelius in oratory.
haec: "these things," direct object of *loquor.*

36 **copiam sententiarum atque verborum:** "the richness of his
thoughts and expressions."

36-37 **quae vestra prudentia est** = *ea prudentia quae vestra est*, i.e.,
"by that intelligence that is yours." (See Austin *ad loc.*)

37 **in eo** = *in Caelio*.
ingenium: "innate talent, genius."

38 **quod:** its antecedent is *ingenium*. It is subject of *valet*, "is strong."
industria: ablative of means.

39 **nisi me . . . fallebat:** "if I was not mistaken"; *fallebat* is used
impersonally (AG 388c).
forte: "by chance."
ratio: "technical knowledge"; contrasted with *ingenium*, above.

39-40 **et . . . elaborata:** "both founded on liberal studies and
increased by practice and hard work." *instituta* and *elaborata* are perfect
passive participles modifying *ratio*.

40 **Atqui:** "And yet."
scitote: "be aware that . . . "; second person plural future imperative
of *scio*.

41 **quae obiciuntur Caelio:** "which are brought up against Caelius."

42 **posse:** infinitive in indirect statement after *scitote*.
Fieri enim not potest: "it is not possible that"; takes *ut* + the
subjunctive.

43 **libidini deditus:** "given over to passion."

43-44 **amore . . . impeditus:** "hindered by love . . . " All of the
ablatives that precede *impeditus* (*amore, desiderio*, etc.) depend on it.
saepe . . . impeditus: "hindered often by too much wealth, and
sometimes even by poverty."

44 **hoc:** direct object of *sustinere* in line 2.

1   **non modo agendo verum etiam cogitando:** "not only
physically, but mentally" (literally, "not only by pleading a case but
by thinking").

2   **possit:** The subject is *animus* in line 42, above.

§ 46 2-4 **in tantis praemiis eloquentiae . . . honore:** "when the
rewards of eloquence are so many, and the pleasure of speaking, the
praise, the thanks, and the honor are so great."

4   **tam sint pauci semperque fuerint:** "there are and always have
been so few . . . " *sint* and *fuerint* are subjunctives in an indirect
question following *cur* in line 2.

5   **studia delectationis:** "pleasurable pursuits."

5-6 **ludus, iocus, convivium:** Like *studia*, they are subjects of
relinquenda (*sunt*).

6   **sermo paene est familiarium deserendus:** "one almost has to
give up all conversation with friends" (literally, "conversation with
friends almost must be given up").
Qua re: "Therefore."

6-7 **in hoc genere labor:** "(it is) in this respect that hard work . . . "

7   **non quo:** "not because."

7-8 ingenia . . . doctrina puerilis: "natural talent . . . childhood training"; subjects of *deficiant*.

§47 **8-9 An hic . . . vocavisset?:** "Would this man (= Caelius) have summoned . . . ?"

8   **isti vitae:** "to this life," i.e., "to a life of pleasure."

9   **admodum adulescens:** "while still a young man"; in apposition to *hic* in line 8.

10-11 **hac in acie cotidie versaretur:** "would he appear day after day in this battle (of the courts) . . . "

11-12 **subiret periculum capitis:** "would he run the risk of criminal charges."

12   **inspectante populo Romano:** ablative absolute.
     tot iam mensis: "for so many months now"; accusative of duration of time (AG 423).

13   **dimicaret:** < *dimico*, "contend, struggle."
     Nihilne . . . redolet?: literally, "Does this neighborhood reek of nothing?" *Nihil* is the direct object of *redolet*. Cicero mentions the neighborhood because Caelius lived on the Palatine hill, in the same neighborhood as Clodia.

14   **Baiae . . . ipsae:** feminine nominative plural, subject of *loquuntur*.
     Illae = *Baiae*.

15   **personant:** "resounds."
     huc: "to this point, so far, to such an extent"; anticipates the *ut*-result clause that begins in line 16.
     unius mulieris: genitives depending on *libidinem*.

15-16 **libidinem esse prolapsam:** accusative and infinitive after *loquuntur* and *personant*; *esse prolapsam* < *prolabor*, "slide, decline, degenerate."

16   **haec:** i.e., "usual, familiar."

17-18 **in turpissimis rebus . . . laetetur:** "takes delight in the most disgusting activities with throngs in attendance and in the clearest light possible."

§48 **19 interdictum (*esse*):** infinitive in indirect discourse after *putet*. *interdicto* ("forbid, prohibit") takes a dative of the person (*iuventuti*) and ablative of the thing forbidden (*meretriciis amoribus*). It is used impersonally here.

21   **abhorret:** "he is out of step with."

22   **factitatum est:** < *factito*, "to do habitually, to do frequently."

23-24 **quando denique . . . liceret?:** "When, in short, was it that what is permissible was not permitted?"

24-25 **tantum in medio relinquam:** "so much I will leave up in the air, so much I will leave undecided."

§49 **25 quae** = *aliqua*, "a certain"; modifies *mulier*.

26   **patefecerit:** perfect subjunctive of *patefacio* in a future less vivid condition (AG 516 b, c). The perfect and present subjunctives in lines

26-32 are part of the protasis of a future less vivid condition whose apodosis is found in line lines 32-34.

27 **virorum ... instituerit:** "If she made it a practice to attend the parties of complete strangers." *Si* ("if") is to be supplied.
   uti: infinitive < *utor*, here "attend, enjoy"; + ablative.
   hoc: direct object of *faciat* in line 28.

28 **ita:** anticipates the result clause that starts in line 31 (*ut* ...).

29 **incessu:** "by her gait, by her walk."
   non ... non: "not (only) ... not (only)."
   flagrantia oculorum: literally, "by the passionate glow of her eyes."

30-31 **actis, navigatione, conviviis:** "at beach parties, when sailing, at banquets."

32 **cum hac:** "with this woman." Take the phrase as part of the *si*-clause that follows.
   qui = *aliqui*.
   utrum: *utrum* introduces an alternative question. It is not translated in English.
   hic: masculine nominative singular, subject of *videatur* in line 34.
   L. Herenni: L. Herennius Balbus was one of Caelius' prosecutors.

32-34 **utrum ... videatur:** "Would he seem ... ?"

33 **adulter an amator:** "adulterer or (merely) a lover." Cicero implies that an adulterer should be condemned, but a lover condoned.
   expugnare ... libidinem: "to destroy her chastity or (merely) to have satisfied his desire?" Again, the former is to be condemned, the latter excused.

§50 34 **iniurias tuas:** "your injuries," i.e., "the injuries you have caused."

35 **doloris mei:** "of my sorrow." Cicero refers in this passage to the actions of Clodius and his family when they forced Cicero into exile (59 - 58 BC) and destroyed his house at Rome.
   in meos: "against my (family and friends)."
   me absente: "when I was away," i.e., "when I was in exile"; ablative absolute.

36 **ne sint ... dixi:** Literally, "Let these things which I have said not be said against you," i.e., "Do not suppose that what I have said is directed at you." Cicero is being very sarcastic.

37 **accusatores:** subject of *dicunt*.

38 **eius modi qualem:** "of such a sort as ... "
   tui: genitive depending on *dissimilis* (see note on §38, line 11).

39 **vita institutoque meretricio:** ablatives of specification ("with the life and habits of a prostitute").
   cum: preposition governing *hac*.
   aliquid: Take with *rationis* in line 40. *aliquid rationis* = "some dealings, some affairs."

39-40 **adulescentem hominem habuisse:** "for a young man to have had"; accusative and infinitive functioning as the subject of *videatur*.

40 **num:** introduces a question that expects a negative answer.

41 **quid . . . Caelio?:** "What is that they are bringing against Caelius?" *obicio*, "to reproach, to bring against," takes the accusative of the thing one is reproached for (*quod*), and the dative of the person reproached (*Caelio*).
    eam: "this woman," i.e., "the woman I have just described."

42 **quid est cur:** "why is it that . . . " (literally, "why is it why . . ."). **si tu contemnis:** "if you do not fear it."

43 **da:** imperative < *do, dare*.

1 **defendet:** "will provide the defense that . . . "; *defendo* here takes an accusative and infinitive (*nihil . . . esse factum*) in indirect statement.
    petulantius: "too outrageously"; comparative adverb.

2 **magnam ad se defendendum facultatem:** "ample means for defending themselves."

ARGUMENTATIO (§§51-69): The presentation of the arguments.

§51 3 **scopulos:** "rocks, reefs"; direct object of *pretervecta . . . esse* (< *praetervehor*, "pass by").

4 **ostenditur:** "appears."

5 **una in muliere:** "involving one woman." *una* is an ablative modifying *muliere*.
    summorum facinorum: genitives depending on *crimina*.

6 **sumptum (*esse*):** < *sumo*, "take, obtain."

5-6 **auri . . . veneni:** genitives in apposition to *summorum facinorum*.

6 **eiusdem Clodiae necandae causa:** "for the sake of killing this same Clodia."

7 **parasse** = *paravisse*.
    L. Luccei: Lucius Lucceius was a senator and Cicero's friend.

7-8 **quod . . . daret:** relative clause of purpose. "So that he might give it . . . " The antecedent of *quod* is *aurum*.

8 **per quos:** The antecedent of *quos* is *servis*.
    Alexandrinus Dio: "Dio of Alexandria"; see note on §23, line 6.

9 **necaretur:** < *neco*, "kill, murder"; the subject is *Alexandrinus Dio*.

9-11 **Magnum crimen . . . audaciae!:** literally, "A great charge either in ambushing envoys or in inducing slaves to murder their master's guest, a plan full of crime, full of rashness."

10 **sollicitandis:** gerundive modifying *servis*.

§52 11 **Quo . . . in crimine:** "About this charge . . . " *Quo* is a connecting relative.

12 **dixeritne Clodiae:** "Whether he explained to Clodia . . . "
    quam ob rem: "why, for what reason."

13 **eodem . . . conscientiae scelere:** a difficult phrase. It should mean something like "in the same crime of complicity," but the original crime that Caelius is charged with is not complicity. If the text is sound, it must mean something like "in the same crime on account of her complicity." Austin suggests translating the whole

clause as "she involved herself with him in the crime of her
complicity."
se: direct object of *devinxit*.
Tune = *Tu + ne*. ("Or did you . . . ").
14 **armario:** < *armarium*, "money chest, safe."
    ausa es: < *audeo*, "dare."
    Venerem illam tuam: "that Venus of yours." Cicero mocks
    Clodia by pretending that she has a statue of Venus on which she
    hangs souvenirs from her lovers.
    spoliare: "plunder, rob"; infinitive depending on an understood
    repetition of *ausa es*.
15 **ornamentis:** "adornments"; ablative of separation with *spoliare*.
    spoliatricem: < *spoliatrix*, "plunderer"; in apposition to *Venerem*
    in line 14.
    quantum ad facinus: "for how great a crime."
16 **L. Luccei:** genitive depending on *labem sceleris sempiternam*.
17 **labem:** < *labes*, "stain, disgrace."
    Huic facinori tanto: "To such a great crime as this"; datives
    with *conscia*, *ministra*, and *adiutrix*.
19 **esse non debuit:** "ought not to have been"; take with each of the
    three phrases that precede.

§53 19 **Balbus** = L. Herrenius Balbus, one of Caelius' prosecutors.
    celatam esse: < *celo*, "hide, conceal." Here *celatam esse Clodiam*
    = "Clodia was deceived."
20 **ita:** "thus." *ita* anticipates the accusative + infinitive clause (*se . . .*
    quaerere).
    attulisse: < *affero*, "announce, report"; infinitive in indirect
    statement after *dixit*.
    se: accusative subject of *quaerere* in indirect statement after *attulisse*.
    ad ornatum ludorum: "for putting on games"; literally, "for the
    preparation of games."
21 **tam:** Take with *quam*. ("If he was as intimate with Clodia as . . . ").
    Clodiae: dative after *familiaris* ("intimate with Clodia").
22 **profecto:** "surely"; adverb.
    quo: "why, for what reason."
24 **sciens:** present participle from *scio*. Translate like an adverb in
    English, "knowingly."
26 **Quid:** "Why?"
    huic crimini: datives after *resistam* (< *resisto*, "oppose").
    quae: Its antecedent is *argumentis*.
27-28 **a tanti sceleris atrocitate:** "from the savageness of such a
    great crime."
28 **minime:** "least of all, not."
    esse credendum: indirect statement following *Possum dicere* in the
    preceding clause. Translate, "it is unbelievable that . . . " (literally,
    "it must not be believed that . . . ").
28-29 **homini tam ingenioso tamque prudenti:** datives depending
    on *non venisse in mentem*.

29 **non venisse in mentem:** "that it did not occur to . . . "; indirect
statement after *esse credendum.*
rem tanti sceleris: "the matter of so great a crime."

29-30 **rem . . . esse credendam:** indirect statement after *non venisse
in mentem.*

30 **ignotis alienisque servis:** datives after *credendam.*
alia: direct object of *perquirere* in line 31.

30-31 **et ceterorum patronorum et mea consuetudine:**
"according to my usual manner and that of other patrons";
consuetudine is the noun upon which both the genitives *ceterorum
patronorum* and the adjective *mea* depend.

31-32 **sit congressus:** < *congredior*, "meet with"; like *fuerit*,
subjunctive in an indirect question.

32 **qui:** modifies *aditus.* ("What approach . . . ").

34 **peragrare:** "to scour, to traverse."
causa: *causa*, like all the nominatives in the next two lines, is
subject of *reperietur* in line 36.

34-35 **non perficiendi, non occultandi malefici spes:** "no hope
of performing or of hiding the misdeed."

§ 54 36 ff In the following lines Cicero draws a distinction between two
possible ways of approaching the case, based on a common dichotomy
in ancient rhetorical theory. Cicero distinguishes between things that
"belong to an orator" (*oratoris propria*) in lines 36-39, and those that
do not (line 39 and following). The former, called *entechnoi pisteis*
("artificial proofs") in Greek, refer to all of the arguments that the
orator himself is able to devise in the case, while the latter, *atechnoi
pisteis* ("non-artificial proofs"), include those aspects of the case which
are not directly dependent on the orator himself, including documentary
evidence and the testimony of witnesses. For a fuller discussion see
Austin's commentary, *ad loc.*, and Quintilian Book V.

37 **mihi:** Take with *fructum aliquem ferre potuissent* in line 38;
"would have been able to bear some fruit *for me.*"

38 **elaborata:** < *elaboro*, perfect passive participle neuter nominative,
agreeing with an understood *haec* from line 36.

38-39 **cum . . . viderentur:** "since they would seem to be brought
forward having been worked out by me myself."

40 **quem vos . . . esse patiamini:** "whom you would allow is";
patiamini < *patior.*
socium vestrae religionis iurisque iurandi: literally, "a
colleague of your solemn duty and oath as jurors."
facile: adverb ("easily").

41 **L. Lucceium:** see above, note on §51, line 7.

41-42 **tantum facinus . . . inlatum** (*esse*): accusative and
infinitive governed by *audisset*; *inlatum* < *infero*, "bring against."

42 **neque non audisset:** "neither would not have heard," i.e., "neither
would have been unaware of, would have heard."

43 **tulisset:** < *fero*, "to endure, to put up with."
ille vir: subject of *potuisset* in line 1.

illa humanitate: ablatives depending on the adjective *praeditus* ("endowed with this kind of nature . . . ").

44 **illius ipsius periculum:** *periculum* is the object of *neglegere* in line 1; *illius ipsius* (antecedent of *quem*) = Dio of Alexandria.

1-3 **et, quod facinus . . . hospitem?:** "and, in the case of a crime he would have taken badly if it had been directed against a perfect stranger, would he have refrained from being concerned about it (if it had been directed) against his guest?"

2 **intentum:** < *intendo*, perfect passive participle modifying *facinus*.

3 The next three questions (down to line 7) all have the same form as the question in lines 1-3 translated above.

   actum: < *ago*, perfect passive participle modifying *quod*.

4 **factum:** < *facio*, perfect passive participle modifying *quod*.

5 **id . . . leniter ferret?:** "would he have borne it lightly . . . ?"

   domi suae: "in his own house"; locative.

5-6 **in alicuius agrestis periculo:** "if some rustic were in danger" (literally, "in <the time of> danger of some rustic"); *agrestis* is genitive singular of *agrestis, -is*, "rustic."

6-7 **in insidiis doctissimi hominis:** "when a most learned man was being ambushed."

7 **dissimulandum** = *dissimulandum* (*esse*), passive periphrastic in indirect statement after *putaret*.

§55 8 **Ipsius iurati:** literally, "of the man himself having taken an oath." *iurati* < *iuro*.

9-10 **L. LUCCEI TESTIMONIUM:** At this point the sworn testimony of L. Lucceius was read in court.

10 **amplius:** "more," comparative adverb from the adjective *amplus, -a, -um*.

   aliquam vocem: object of *mittere*.

10-11 **an . . . mittere:** literally, "Or do you think that truth and the case itself on its own behalf are able to utter some voice?"

15 **inimica:** *inimica*, like the adjectives that follow, modifies *domo* in line 16.

16 **domo:** the house of Clodia.

17-18 **integritatis . . . religionis:** the four genitives depend on the adjective *plena* ("full of . . . ").

18 **ex qua domo:** "from this house . . . "; *qua* is a connecting relative.

18-19 **iure iurando devincta auctoritas:** "a document secured by an oath," i.e., "a sworn affidavit."

19 **ut . . . ponatur:** *ut* clause of result. "So that the matter clearly is situated in the dispute . . . "

   minime dubitanda: "least of all to be doubted, not to be doubted," = "clearly."

20 **finxisse:** < *fingo*, "make up, fabricate"; like *dixisse* in line 21, it depends on *videatur*.

§56 22 **crimen de veneno:** Cicero now moves to a different charge, that Caelius tried to poison Clodia.

24 **Ne aurum redderet?:** negative clause of purpose.

25 **Ne crimen haereret?:** "So that the accusation would not stick?"
    Cicero asks whether it is thought that Caelius tried to poison Clodia
    so that there would be no witnesses to support the accusation that he
    tried to kill Dio.
    Num quis obiecit?: "No one was charging (him with the crime),
    were they?"; *quis = aliquis* after *num* (AG 310 a).

26 **nomen detulisset:** *deferre nomen* = "to accuse, to prosecute."
    Quin etiam: "Indeed, And furthermore."

27 **verbo:** "in a word, briefly."
    non futurum fuisse: "would not have been"; apodosis of a
    contrary to fact condition in indirect statement (AG 589 b).
    Caelio: dative depending on *molestum* ("troublesome *to Caelius*").

28 **iterum:** "for a second time."
    eadem: modifies *re*.
    suo familiari absoluto: "when his friend had been acquitted";
    ablative absolute. Caelius had prosecuted L. Calpurnius Bestia
    unsuccessfully earlier in the year, and was preparing to prosecute him
    again when L. Sempronius Atratinus (Bestia's son), L. Herrenius
    Balbus, and P. Clodius brought Caelius to court in the present case.

29 **nullam ob causam:** "for no reason."

30 **fingi:** infinitive < *fingo*, in indirect statement after *videtis*.

30-31 **alterius sceleris suscipiendi . . . causa:** "a reason for
    undertaking another crime." Cicero says that the prosecution had
    invented the charge of trying to poison Dio in order to make it look
    like Caelius had a motive for poisoning Clodia.

§57 31 **quo adiutore:** like *quo socio* and *quo conscio*, ablative after *usus
    est*.

33 **Sic enim est objectum:** "For so it has been charged."

34-35 **etiam . . . detrahitis:** "even if you say other disparaging
    things in your hostile speech." *cetera* is neuter accusative plural,
    direct object of *detrahitis*.

36 **servis:** < *servus*, "slave."
    refert: "is important, makes a difference"; < *refero*.
    magno opere: "exceedingly."
    id ipsum: subject of *refert*.
    eisne: "was it to these . . . ?"

40 **foras proferendum sit:** "should be made known publicly."

41 **versentur:** "are present, take place."
    hic: "here."
    esse: in indirect statement after *videt* and *ignorat* in line 38.

43 **aliquantum:** "a good deal"; subject of *redundet*.

§58 1 **familiaris** = *familiares*.

2 **ei:** dative of possession with *erat*.

2-3 **quanta a vobis inducitur:** "as is alleged by you."

4 **quaesitum est:** *venenum* is the understood subject.

5 **quem ad modum:** "how?"

quo pacto: "by what means?"

Habuisse: infinitive in indirect statement with *aiunt*. Supply *eum* (= Caelius) as its accusative subject, and *venenum* as its accusative object.

6   **domi:** locative ("at home")

vimque eius esse expertum: "and he tested its potency." *eius* refers back to *venenum*; *esse expertum* < *experior*, "test."

6-7 **ad eam rem ipsam parato:** "obtained for this very purpose," i.e., bought so that the poison could be tested on him. *parato* < *paro*, "procure, obtain"; modifies *servo*.

7   **cuius:** Its antecedent is *servo*.

ab hoc: "from Caelius."

§59 8 **Pro di immortales!:** With these words Cicero embarks upon another attack on Clodia, alluding to rumors that Clodia had poisoned her husband Q. Metellus Celer in 59 BC.

9   **conivetis:** < *coniveo*, "overlook, shut one's eyes to."

praesentis: genitive singular, modifying *fraudis*.

in diem: "for a later time."

10 **hausi:** perfect indicative of *haurio*, "drink in, imbibe."

vel acerbissimum: *vel* + superlative adjective = "the most . . . possible."

11 **e sinu gremioque patriae:** "from the bosom and lap of the fatherland."

11-12 **qui se natum huic imperio putavit:** "who thought that he had been born for this empire"; i.e., "who thought he had been born to serve the state." *natum* (*esse*) < *nascor*, "be born."

13 **integerrima aetate, optimo habitu, maximis viribus:** "at the prime of his life, in the best of health, and possessing full vigor"; ablatives of quality.

14 **bonis omnibus atque universae civitati:** "from all good citizens and from the entire state"; datives of separation (AG 381).

Quo: connecting relative modifying *tempore*.

15 **ceteris ex partibus:** "in other respects."

16-17 **cum me intuens flentem significabat:** "when he, looking at me as I was crying, was indicating . . . "; *intuens* < *intueor*, "look at, watch."

17 **quanta:** "how great a . . . "; modifies *procella* and introduces an indirect question. The "great storm" that Metellus warned Cicero about was Cicero's exile in 58 - 57 BC.

18 **cum:** *cum* ("when") governs the verb *nominabat* in line 20.

18-19 **parietem . . . communis:** "striking again and again that wall which he had shared with Q. Catulus." Q. Metellus and Q. Catulus were neighbors, and had a common wall between their two houses. *parietem* < *paries*, "wall."

19 **Q. Catulo:** Q. Lutatius Catulus was a leading noble who had died in 60 BC, one year before the death of Metellus in 59 BC.

crebro: "frequently." Cicero joins an adverb with each of the three nouns that follow (*crebro Catulum, saepe me, saepissime rem publicam*). All three phrases are governed by *nominabat*.

20-21 **ut non . . . doleret:** "so that he was grieving not . . . "; negative result clause.

20 **non tam . . . quam:** "not so much because . . . but because . . . " **se mori:** "that he was dying"; accusative + infinitive depending on *doleret*.

21 **suo praesidio:** ablative of separation depending on *spoliari*, "rob, deprive of."
cum . . . tum etiam: "both . . . and also"

§60 21-22 **Quem . . . virum:** "this man." Direct object of *sustulisset* (< *tollo, tollere, sustuli, sublatum*, "take away, destroy").

22 **quonam modo:** "how."
ille = Metellus.

23 **furenti fratri:** "his mad cousin," i.e., Clodius, who was Metellus' cousin, Clodia's brother, and Cicero's political enemy. *fratri* < *frater*, which here = *frater patruelis*, "cousin on one's father's side." Metellus' father was the brother of Clodius' mother.
consularis: "as a man of consular rank"; masculine nominative singular modifying *ille*.
restitisset: < *resisto*, "to stand firm against." It takes the dative (*furenti fratri*).

23-24 **qui consul . . . dixerit:** "who as consul said that . . . "
incipientem furere atque tonantem: "him (= Clodius) when he was beginning to go mad and thunder"; object of *interfecturum* (*esse*), an infinitive in indirect statement depending on *dixerit*.

24-25 **Ex hac igitur domo progressa:** "Having come from this (kind of) house, therefore . . . " *progressa* < *progredior*, "come forth."

26 **quam** = *aliquam*.
eiciat: Understand *domus* as the subject.
parietes conscios: accusative object of *metuet*.

27 **noctem illam funestam ac luctuosam:** "that deadly and sorrowful night."

28 **haec facta . . . mentio:** "this mention that I have made of . . . "

§61 30 **unde:** "whence, from what source." Like *quem ad modum* in this line, it introduces a clause in indirect question.

32 **familiari:** dative, in apposition to *P. Licinio*.
constitutum esse cum servis ut venirent: " . . . it was determined with the slaves that they should go . . . "; *constitutum esse* is in indirect statement after *aiunt* (line 31).

32-33 **ad balneas Senias:** "to the Senian Baths."

33 **eodem:** "to the same place."

33-34 **esse venturum . . . traditurum** (*esse*): future active infinitives depending on *constitutum esse*: ("it was decided that Licinius would come and hand over . . . ").
pyxidem: < *pyxis, pyxidis*, "small box, container."

34 **quid attinuerit:** "what good was it that . . . "; *attinuerit* is perfect
subjunctive of *attineo*, which is followed by an accusative + infinitive
construction.
ferri: present passive infinitive of *fero*, "carry." Understand either
venenum or *id* as its accusative subject.

35 **constitutum:** "which had been agreed upon"; perfect passive
participle modifying *locum*.
ad Caelium domum: "to Caelius' home" (literally, "to Caelius at
home").

36 **quid suspicionis:** *suspicionis* is a partitive genitive.

37-38 **suberat simultas:** "ill feelings were surfacing"; *simultas*, "ill
feelings, quarrel."

38 **hinc illae lacrimae:** "from this source these tears," i.e., "this is
the source of these tears"; a quotation from Terence's *Andria* 126, it
became a proverb.

39 **nimirum:** "certainly, doubtless."

§62 40 **Immo:** "on the contrary, nay rather."
inquit: "it is said."

41 **praecepit:** *praecipio* ("order, command") takes a substantive clause
of purpose (*ut . . . pollicerentur*) (AG 563).

42 **venenum:** nominative subject of *posset*.
manifesto: "in the act, openly, plainly"; adverb.

43 **constitui:** present passive infinitive. It depends on *iussit*, which
takes an accusative + infinitive.
iussit: The subject is *mulier* (= Clodia) from line 41.
eo: "to that place."

43-44 **qui delitiscerent:** relative clause of purpose (< *delitisco*, "hide,
conceal oneself").

44 **traderet:** "was handing over, was in the act of handing over"; Cicero
uses the imperfect to stress that Clodia's plan was to catch Licinius
just as he was handing over the poison.

1 **Quae:** connecting relative going with *omnia*. *Quae . . . omnia* ("All
these things") is the subject of *habent*.

2 **potissimum:** "most of all, in particular."

3 **in quibus:** connecting relative; "in these (public baths) . . . "

3-4 **quae latebra . . . posset:** "what kind of a hiding place there
could be for men wearing togas"; indirect question. *posset* is
imperfect subjunctive because it represents an original deliberative
subjunctive (AG 575b).

5 **se . . . conicere:** "to take oneself, to throw oneself into."
in intimum: "inside, in the interior (of the bath)."

5-6 **calceati et vestiti:** "shod and clothed"; they modify the understood
subject of *possent*.

6 **mulier:** subject of *facta erat*; *familiaris* is a predicate nominative
after it.

7 **quadrantaria illa permutatione:** "by means of that two bit trick
of hers"; ablative of means with *facta erat*. Cicero puns on a pun.
The original pun had been made by Caelius, who had given Clodia the

nickname *quadrantaria Clytemnestra* ("two bit Clytemnestra"). This
nickname implies two things: first, that like the mythical
Clytemnestra, Clodia had murdered her husband, and second, that
Clodia prostituted herself for the incredibly low fee of a *quadrans* (a
quarter of an *as*). Cicero takes Caelius' pun and plays on it, since a
quadrans also happened to be the normal fee for entrance to the baths.
Cicero thus implies that Clodia helped her men gain entrance to the
baths by prostituting herself to the bathman.
facta erat: "had become"; < *fio*, the passive of *facio*.

§63   8   **vehementer:** take it closely with *exspectabam*. Literally, "I was
waiting to see exceedingly," i.e., "I could hardly wait to see . . . "

8-9   **quinam . . . dicerentur:** literally, "who these good men could
possibly be who were said to be witnesses of this poison captured on
the spot." *quinam* (= *qui* + *nam*) introduces an indirect question.

9   **adhuc:** "yet, up to this point."

10   **non dubito quin:** "I do not doubt that . . . "; + subjunctive.

10-11   **primum . . . deinde:** "first . . . next . . . "

11   **eam provinciam:** "this official duty, this charge." Cicero uses the
word *provincia*, which usually has the notion of official state
business, facetiously. It contrasts nicely with the *ut*-clause that
follows.
ut . . . contruderentur: "to be stuffed into the baths"; *ut*-noun
clause in apposition to *eam provinciam*.

12   **quod:** "a thing which . . . " Its antecedent is the idea expressed in
the previous sentence.
illa = Clodia.

12-13   **quam velit sit potens:** "however powerful she is"; literally,
"let her be as powerful as she wishes."

13   **quid:** "why?"

14   **cognoscite:** present imperative second person plural.

15   **Testis egregios!:** accusative of exclamation.
temere: "by chance, thoughtlessly"; adverb.

16   **fingitis:** "you make up the story, you pretend." *fingitis* takes an
indirect statement, here a *cum . . . tum* construction.
cum: "when"; governs the verbs *venisset, teneret, conaretur,* and
tradidisset.

17   **evolasse** = *evolavisse*; < *evolo*, "fly out, rush out, hurry out";
infinitive in indirect statement after *fingitis*.

19   **porrexisset:** < *porrigo*, "extend, hold out."
retraxisse: infinitive in indirect statement, still dependent on
fingitis in line 16. The same is true of *coniecisse* in line 20.

20   **O magnam vim veritatis:** "O the great power of truth"; *magnam
vim* are accusatives of exclamation.

22   **ipsa:** feminine nominative singular modifying *quae* in line 20.

§64   22   **Velut:** "For example, For instance."

23 **veteris et plurimarum fabularum poetriae:** "Of a poetess
    who is experienced and has many tales to her credit." *poetriae* is a
    genitive of possession depending on *fabella*.
    quam . . . quam: "how . . . how . . . "
    sine argumento: "without a plot."
24 **isti tot viri:** "these men who were so numerous."
25 **ut:** introduces a purpose clause.
26 **oculis:** ablative of means.
    testatior: "more apparent," < *testatus, -a, -um*, "known on good
    evidence, well attested." It modifies *res*.
27 **Qui:** "why."
    minus: Take with *comprehendi potuit*: "Why was Licinius any less
    able to be seized . . . ?"
    cum: "when."
    se: direct object of *retraxit*.
28 **quam:** "than." It is correlative with *minus* in line 27. ("less . . .
    than . . . ").
31 **quos:** "these men"; connecting relative, accusative subject of
    prosiluisse in an indirect statement after *dicas*.
    quam ob rem: "on account of what thing, why"; introduces an
    indirect question.
32 **Fuerant . . . rogati:** "they had been solicited for this"; like
    fuerant . . . conlocati, the so-called double pluperfect (AG 184, p. 94,
    footnote 1).
33 **ut:** introduces a purpose clause. *ut* is repeated three times for
    emphasis.

§65 34 **magis tempore . . . quam:** "at a better time than . . . "
     35 **Quae:** connecting relative; its antecedent is *pyxidem*.
     36 **amici:** subject of *evasissent*.
     37 **imploraret hominum fidem:** "he would have called on the
         protection of men."
     38 **traditam** = *traditam* (*esse*).
         quo modo: "in what way, how."
     40 **id . . . quod:** "that . . . which." *quod* is the direct object of *videre*.
         quo loco conlocati fuerant: "where they had been located";
         separate dependent clause.
     41 **Tempore . . . ipso . . . cum:** "at the very time when . . . "
     42 **pyxidem expediret:** "was unwrapping the box, was pulling out
         the box."
         Mimi: genitive singular depending on *exitus* ("ending of a farce").
         A *mimus* was a farce or slapstick comedy very popular at Rome.
     43 **clausula:** "ending, closure."
     44 **dein scabilla concrepant, aulaeum tollitur:** "Next the foot
         castanet sounds out, and the curtain is raised." The *scabilla*, or "foot
         castenet," was used to keep time during the performance, and to signal
         the man who raised the curtain at the end of the play. (In Roman
         theatre the curtain was lowered at the beginning of the play, rested on
         the ground during the performance, and was raised at the end.)

§66 1 **titubantem, haesitantem, cedentem, fugere conantem:**
        "faltering, hesitating, backing up, trying to escape"; participles
        modifying *Licinium.*

     2 **mulieraria manus ista:** "this band of the woman"; nominative,
        subject of *emiserit. mulieraria < mulierarius, -a, -um,* "subservient to
        a woman."

     3 **tanti sceleris:** genitives depending on *crimen.*

     4 **crimen:** object of *expresserint.*

   4-5 **tot, valentes, alacres:** subjects of *possent.*
        unum, imbecillum, perterritum: objects of *superare.*

     7 **haec causa:** subject of *traducta est.*

     8 **quibus . . . solet:** relative clause depending on *signis.*
        tota: agrees with *causa* in line 7.

   8-9 **Quos . . . testis:** take together.

§67 11 **lautos:** "well-scrubbed, noble." Cicero puns on the meaning of
        lautos, a perfect passive participle from *lavo,* "bathe, wash." The
        participle can mean "having bathed," but *lautus, -a, -um* is often used
        as an adjective meaning "neat, noble, elegant." Both meanings fit the
        men who hid out in the baths.
        beatae ac nobilis: genitives modifying *mulieris.*
        familiaris = *familiares,* modifying *iuvenes.*

  11-12 **fortis . . . in praesidio:** Cicero uses military language here
        to try to show how silly the whole plot was.

    12 **conlocatos:** agrees with *viros,* line 11.

    13 **quem ad modum:** "how"; introduces an indirect question.

  13-14 **alveusne ille an equus Troianus fuerit:** "Whether it was
        that tub or a Trojan Horse . . . " Why Cicero calls the *alveus*
        (bathtub) *ille,* "that (famous) tub," is unclear, but Wiseman (1985, p.
        29) suggests it may be because the hero of the "adultery mime" on the
        Roman stage in the late Republic hid in a tub.

    14 **muliebre:** adjective modifying *bellum.*
        gerentis = *gerentes,* modifying *viros.*

    15 **hunc** = *Licinium.*

  16-17 **comprehenderint . . . consecuti sint:** perfect subjunctives,
        in indirect question after *cur* in line 15.

    17 **processerint:** future perfect indicative < *procedo,* "go forth, come
        forward."

    18 **Quam volent:** from *quam vis.* Literally, "as they wish" =
        "however . . . " The phrase governs the subjunctive *sint* in line 19:
        "However (witty, etc.) . . . they may be."

    19 **alia fori vis est, alia triclini:** "the force of the forum is one
        thing, the (force) of the dining room (quite) another . . . "

  19-20 **alia subselliorum ratio, alia lectorum:** "court benches are
        different from dining chairs" (literally, "the nature of court benches is
        one thing, that of dining couches another.")

20 **iudicum comissatorumque:** genitives depending on *conspectus*, "appearance, look"; *iudicum < iudex*, "judge"; *comissatorum < comissator*, "reveller, party-goer."

21 **excutiemus:** "we will shake out, we will remove violently"; < *excutio.*

21-22 **omnis istorum delicias, omnis ineptias:** "all of their affectations, all of their absurdities."

22 **prodierint:** future perfect indicative of *prodeo*, "appear, come forward."
    audiant: *audiant* and the verbs that follow are hortatory subjunctives.

22-23 **navent aliam operam:** "let them turn their energy elsewhere." (< *navare operam*, "to busy oneself, to devote one's energies.")

24 **dominentur sumptibus:** "let them rule by spending," i.e., let them try and hold power over Clodia by spending a lot of money on her.

25 **capiti . . . fortunisque:** datives depending on *parcunt.* ("Let them spare the life and fortunes of an innocent man.")

§68 26 **sunt:** take with *manu missi* (< *manumitto*) in line 27. ("These slaves have been freed . . . ")
    de: "according to." Clodia needed the approval of her male relatives to free the slaves because Roman women did not have the legal authority to free slaves on their own.

27 **Tandem:** "At last."

28 **de:** "in accord with"; governs the ablatives *sententia* and *auctoritate* in line 29.

29-30 **quid . . . argumenti:** "what meaning"; *argumenti* is a partitive genitive.

30 **in qua:** connecting relative. The antecedent is *manumissio.*
    aut crimen est Caelio quaesitum: "either a charge was sought against Caelius . . . "

31 **aut quaestio sublata** (< *tollo*): "or a legal investigation was avoided." Slaves could be forced to give evidence under torture. If they were freed, they could not.
    multarum rerum consciis servis: "to her slaves who were knowledgeable of many of her affairs."
    cum causa: "with good reason, with good cause."

32 **praemium persolutum:** "a reward was paid"; *persolutum* (*esse*) < *persolvo*, "pay off" (+ dative).

33 **cum:** governs *diceres.*
    tute = *tu* + *te*, an intensive form of *tu.* It is the subject of *diceres.* Cicero addresses Clodia directly.
    ad eos: "to them," i.e., to Clodia's relatives.
    adlatam: both *adlatam* and *compertam* are perfect passive participles modifying *rem.* ("not brought to you by others but discovered by you yourself.")

34 **deferre:** understand *te*, "that you were reporting, that you were delivering."

§69 34 **Hic:** "Here, At this point."

35 **sit:** take with *consecuta*, < *consequor*, "has followed from, is the result of." For *si* + the subjunctive after *miror*, see AG 572b note.

obscenissima . . . fabula: We have (unfortunately) no firm idea what the "very obscene story" was, and this makes this section of the text difficult to understand. The judges and audience would certainly know the story to which Cicero was alluding. M. Skinner, "The Contents of Caelius' *Pyxis*," *Classical World* 75 (1982), 243-245, reviews the theories that have been proposed and suggests that the box (*pyxidem*) contained resin used by prostitutes for the removal of pubic hair.

35-36 **quod in eius modi mulierem non cadere videatur:** "which does not seem to belong to a woman of this kind." *cadere in aliquem* = "to belong to someone."

36-37 **Percipitis . . . iam dudum:** *Percipitis* is present, but with *iam dudum* ("for a long time"), it has the force of a perfect: "for a long time you have been perceiving . . . " (AG 466).

37 **vel potius:** "or rather."

Quod: probably a connecting relative, but it could mean "because."

38-39 **quid enim attinebat?:** "For what did it have to do with him?"

39 **est:** supply *factum*.

insulso: "dull, unimaginative."

42 **aliqua:** ablative with *turpitudine*.

43 **in istam quadrare apte:** "to fit her perfectly, to fit her to a 't'."

PERORATIO (§§70-80): The conclusion of the speech.

§70 2 **sustineatis:** subjunctive in indirect question after *intellegitis*.

4 **pertinet:** governs the four preceding *ad*-prepositional phrases. Its subject is *Quae lex*. "This law pertains to . . . "

quam legem: direct object of *tulit* in line 5. "which law Q. Catulus introduced . . . " Catulus was consul in 78-77 BC, when he would have introduced the law.

4-5 **armata dissensione civium:** "during a time of armed dissension of the citizens"; ablative of time.

5 **rei publicae:** genitive, depending on *temporibus*.

paene extremis temporibus: ablative of time. *extremis:* "final, most desperate."

5-6 **sedata illa flamma consulatus mei:** "when that conflagration that occurred during my consulship had died down"; ablative absolute.

6 **fumantis** = *fumantes*, agrees with *reliquias*, "the smoldering embers."

8 **deposcitur:** "is demanded." *deposco* can mean to demand someone for punishment, and is constructed with *ad* + accusative of the punishment demanded.

§71 8 **hoc . . . loco:** "at this point."

8-9 **M. Camurti et <C.> Caeserni damnatio:** "the condemnation of M. Camurtius and C. Caesernius." We know nothing about these men nor the circumstances under which they were condemned (though from what follows, Clodia seems to have been somehow involved), but they were apparently mentioned by the prosecution as precedents for applying the *lex de vi* in cases of immorality.

10 **veniatis:** present subjunctive in a *cum*-circumstantial clause.

12 **illam:** understand *memoriam* with it: "that (memory) which is not extinguished but . . . "

12-13 **Quo . . . crimine peccatoque:** "By what charge and error?" **illi:** masculine nominative plural, subject of *perierunt.*

13 **Nempe:** "Surely, Without doubt."
quod: "because"; governs *sunt . . . persecuti* (< *persequor,* "seek restitution for").

14 **Vettiano nefario . . . stupro:** "for Vettius' immoral sex crime"; *Vettiano* and *nefario* are adjectives depending on the noun *stupro.* We know nothing about Vettius or what connection he had with Camurtius and Caesernius.

14-15 **ut . . . ut . . . :** purpose clauses.

15 **illa vetus aeraria fabula:** "that old bronze story." *aerarius* means "made of bronze, pertaining to money." We unfortunately do not know to what story Cicero is referring.
idcirco: "on this account, for this reason."

17 **eo:** probably the adverb meaning "to such an extent . . . ", which introduces the *ut*-clause of result which follows. The alternative is to take *eo maleficio* together as meaning, "by this crime."

18 **eximendi** (*esse*): "ought to be freed, should be exempt."

§72 19 **proprium quaestionis:** " . . . appropriate to this court . . . "

20 **quod . . . coniunctum:** "which does not fall under the law, but is deserving of your censure."
Cuius: "of his" = "of Caelius."

21 **disciplinae:** dative with *dedita* ("was dedicated to learning").
quibus instruimur ad: "by which we are prepared for . . . "

22 **capessendam:** < *capesso:* "engage in, manage."

23 **autem:** "moreover, also."
fuit: With *fuit* understand *dedita* from line 21. ("His youth also was dedicated to those friendships . . . ").
natu: For this ablative of specification, see above, note on §3, line 29.

24 **eis studiis:** like *Eis . . . amicitiis* in line 23, it depends on an understood *dedita.*
aequalium: "of his contemporaries, of those his own age."
ut: Take with *videretur.* Take it in this order: *ut videretur petere eundem cursum laudis quem optimi ac nobilissimi.* ". . . so that he seemed to seek the same path of praise which the best and most noble men (did)."

§73 26 **paulum . . . roboris:** "a little strength."
accessisset: < *accedo,* "be added to"; + dative.

26-27 **Q. Pompeio . . . contubernalis:** "as an aide to Pompeius" (Austin). A *contubernalis* was a young man attached to the staff of a general or governor. The Pompeius referred to here is Q. Pompeius Rufus, who was a praetor in 63 BC and as proconsul in 61 BC was governor of Africa.

27 **pro consule:** sometimes written as one word; in apposition to *Q. Pompeio*.

28 **cum:** take with *tum etiam* in line 29 ("both . . . and also . . . ").

29 **usus:** "experience."

30 **Pompei:** genitive depending on *iudicio*.
   iudicio: dative after *probatissimus* ("most pleasing to the judgment").
   ut: with the indicative, = "as."

31 **Voluit:** takes the accusative + infinitive construction (*industriam suam . . . cognosci*); "He wanted his initiative to be recognized . . . "

31-32 **vetere instituto . . . exstiterunt:** "in accordance with an old practice and the example of those young men who afterwards showed themselves to be the best men and most famous citizens in the state." *exstiterunt*: < *exsisto*, "show oneself to be, prove to be."

32 **post:** "afterwards"; adverb.

33 **cognosci:** present passive infinitive of *cognosco*.

§74 34 **Vellem:** imperfect subjunctive used potentially, "I should wish that."
   alio: "elsewhere"; adverb.
   detulisset: < *defero*, "bring, take."

35-36 **cui misero:** datives after *profuit* (< *prosum*, "benefit, profit").

36 **praeclari:** modifies *benefici*. The benefit to the state that Cicero refers to is C. Antonius' part in putting down the Catilinarian conspiracy.
   memoria: subject of *profuit*.

37 **cogitati:** modifies *malefici* ("of intended wrongdoing").
   Postea: "afterwards."
   nemini umquam concessit aequalium: "he never allowed anyone his own age." *concessit* < *concedo*, "allow." *nemini* is dative after *concessit*; *aequalium* is a partitive genitive (AG 346) depending on *nemini*.

37-38 **plus ut . . . versaretur:** "to be more active..."; literally, that he should be more involved . . . "

38-39 **plus ut valeret:** "to be more firmly . . . "

39 **gratia:** ablative; "in favor; in the good graces."
   Quae: Its "antecedent" is *omnia* in line 40.
   vigilantes: Like *sobrii* and *industrii* that follow, best taken as predicative ("which (things) men are not able to accomplish unless they are watchful, sober, hardworking . . . ").

§75 41 **quasi:** "so to speak"; it qualifies *flexu* (< *flexus*, "turning point"), a term from horse and foot racing.

41-42 **humanitate ac sapientia vestra:** ablatives depending on *fretus* ("relying on . . . ").

42 **ad metas:** continues the race course analogy. *meta* = "the turning post."

notitia: "acquaintance"; like *vicinitate* and *insolentia*, it is an ablative of means.

43 **quae:** Its antecedent is *voluptatum*.

44 **prima aetate:** "in early youth."

se: accusative object of *profundunt atque eiecit*.

1 **universae:** "altogether, all at once"; it modifies *quae* in line 43.

1-2 **Qua ex vita vel dicam quo ex sermone:** "From this (sort of) life or should I say from this (sort of) reputation . . . "; *dicam* is a deliberative subjunctive.

2 **nequaquam:** "in no way, by no means."

tantum . . . quantum: "such . . . as."

3 **emersit:** perfect of *emergo*, "emerge, extricate oneself."

4 **tantumque:** "and so far, and to such an extent"; anticipates the following result clause.

eiusdem: "of this same woman"; genitive depending on *inimicitias odiumque*.

§76 5 **ut:** introduces a purpose clause.

interpositus: "having been interposed," i.e.,"intervening"; modifies *sermo*.

6 **moreretur:** "might die, might vanish"; < *morior*.

6-7 **me invito me hercule et multum repugnante me:** ablative absolute ("with me, me by Hercules, unwilling, and with me resisting him a great deal . . . ").

8 **absolutum:** "having been acquitted"; perfect passive participle of *absolvo*.

9 **cadit in:** "pertains to, belongs to."

12 **tamquam in herbis:** "just as in (the case of) plants."

12-13 **quae . . . quantae:** introduce indirect questions.

13 **industriae:** genitive depending on *fruges*.

sint futurae: "will be." Since there is no future subjunctive in Latin, a subjunctive first periphrastic form must be used in an indirect question referring to future time (AG 575a).

13-14 **magno ingenio:** "of great genius, of great character." Ablative of quality going with *adulescentes*.

14 **refrenandi:** Take with *fuerunt* ("have had to be restrained . . . ").

quam: "than."

15 **amputanda plura sunt:** "more things need to be pruned . . . "; *amputanda* < *amputo*, "to prune, cut off." Cicero continues the plant metaphor he began in the previous sentence.

ingeni: genitive singular depending on *laudibus*.

laudibus: ablative of means; "if it flourishes with the praiseworthy qualities of genius."

15-16 **quam inseranda:** "than must be grafted."

§77 16 **huius** = Caelius. The genitive depends on *vis*, *ferocitas*, and *pertinacia*, the subjects of *videtur*.

18 **minimorum horum:** "of these very minor offenses." *horum* anticipates the list that begins with the *si*-clause at the end of the line. **purpurae genus:** "the type of purple, the shade of purple." Roman tunics and togas often had stripes and borders of purple to show the rank of the wearer, and some bright shades of purple were considered daring and even offensive.

19 **iam ista deferverint:** "these things soon will have settled down." **omnia:** neuter plural accusative object of *mitigarit* (= *mitigaverit*).

21-22 **bonarum artium, bonarum partium, bonorum virorum:** genitives of quality depending on *civem*.

23 **nos ipsi:** Cicero refers to himself in the plural, as often. **satis fecimus:** *satisfacio* ("give satisfaction to") is often written as one word, and takes the dative.

24 **a nostris rationibus:** "from my own way of thinking," i.e., from Cicero's political party, the *boni* (Austin). **seiunctum fore:** "be detached, be separated"; *seiunctum fore* is the future passive infinitive of *seiungo*. It is in indirect statement after *spondeo* in line 23. **Quod:** connecting relative, accusative object of *promitto*.

25 **quod:** "because."

§78 26 **potest:** *ipse* (line 27) modifies the understood subject of *potest*. **qui:** introduces a long relative clause that continues to *vocarit* (line 27). Translate, "It is not possible for one who calls into court . . . "

28 **qui:** introduces a long relative clause which extends to the second *absolutum*. "Nor is it possible for one who does not even allow a man who has been absolved of bribery to be absolved . . . " Cicero here refers to the fact that Caelius had begun new proceedings against Bestia after Bestia had been acquitted of bribery. **ne:** with *quidem* ("not even").

29 **largitor:** "a briber."

31 **ut:** introduces a substantive purpose clause after *oro obtestorque*. The *ut*-clause is never completed, but is replaced by a negative substantive purpose clause beginning with *ne* (*ne patiamini* . . .) in line 38. **qua in civitate:** "in which city, in the very city in which"; picked up by the phrase *in ea civitate* in line 38.

32 **Sex. Cloelius:** one of P. Clodius Pulcher's supporters. Austin and other editors read *Sex. Clodius*, but D.R. Shackleton Bailey ("Sex. Clodius - Sex. Cloelius," *Classical Quarterly* 10 [1960] 41-42) has shown that the name must be Sex. Cloelius. **per biennium:** "for the last two years."

34 **ore, lingua, manu, vita omni:** ablatives with *inquinatum*: "impure in his . . . "

35 **aedis sacras:** "the sacred temple (of the Nymphs)"; this temple was located on the Campus Martius and contained public records (*censum populi Romani . . . memoriam publicam*). *aedis* (= *aedes*), like *censum* and *memoriam*, is an object of *incendit* in line 36.

36 **qui Catuli monumentum adflixit:** "who destroyed the monument of Catulus." Q. Lutatius Catulus erected the monument on

the Palatine to commemorate his victory over the Cimbri at the battle of Vercellae in 101 BC. The monument stood next to Cicero's house.

37 **mei fratris** = (*domum*) *mei fratris.*
in urbis oculis: "before the eyes of the city, in full view of the city."

38 **ne:** introduces a negative substantive clause of purpose depending on *oro obtestorque* in line 31.
illum = Sex. Cloelius.

39 **muliebri gratia:** "through the influence of the woman."
ne: governs *videatur* in line 41. Like the *ne* clause that precedes it, it is a negative substantive clause depending on *oro obtestorque* in line 31.

40 **cum suo coniuge et fratre:** "with the man who is both her husband and brother." Cicero again alludes to the rumors of incest between Clodia and Clodius. See note on §32, line 15.

40-41 **et . . . et:** "both . . . and." The first *et* in line 40 joins *conjuge* and *fratre* (see the preceding note). The second *et* in line 40 (*et turpissimum . . .*) is correlative with the *et* in line 41 (*et honestissimum . . .*).
eripuisse: "to have snatched away (from prosecution)."

§79 41 **Quod:** "But."
41-42 **huius . . . adulescentiam:** "this young man" (literally, "the youth of this man").

42 **proposueritis:** future perfect of *propono*, "consider, conceive."
constituitote: "set, place"; future imperative, second person plural.

42-43 **huius miseri senectutem:** "this pitiful old man" (literally, "the old age of this pitiful man"), i.e., Caelius' father.

43 **nititur:** < *nitor*, "rely on"; + ablative.

44 **quem** = Caelius' father; connecting relative. *quem* is an accusative object of the verb *sustentate* in line 3.

1-2 **abiectum . . . vestros:** "prostrate not so much at your feet as he is before your character and understanding."

2 **vel recordatione . . . iucunditate:** "either on account of the memory of your own fathers or the pleasure you derive from your own children."

3 **ut . . . serviatis:** purpose clause.
in alterius dolore: "in (your) sorrow of another."
pietati, indulgentiae vestrae: datives after *serviatis*, "attend to."

4 **velle:** present infinitive of *volo* depending on *Nolite*. *Nolite* + infinitive is the usual way to express a negative command (AG 450). *Nolite . . . velle* = "Do not wish . . . "
hunc = Caelius' father.
occidentem: "dying."

5 **exstingui:** present passive infinitive, depending on *velle*.
quam: "than"; follows the comparative *maturius*.
hunc: This *hunc* refers to Caelius himself.

6 **firmata iam stirpe virtutis:** "with the roots of virtue now so firm."

7   **pervertere:** Like *extingui* in line 5, it depends on *velle* in line 4. Its object is *hunc* (= Caelius) in line 5.

§80   7-10   **ne . . . videamini:** negative purpose clause.
9   **aluisse:** takes *adulescentiam* as its direct object.
    vos: subject of *videamini* in line 10.
11   **addictum, deditum, obstrictum:** modify an understood *eum* (= *Caelium*).
12   **omniumque huius nervorum ac laborum:** "of all of his energy and hard work"; genitives depending on *fructus*.
13   **uberes:** "rich."

ACKNOWLEDGMENTS

I would like to thank the people who helped make this commentary possible. I first taught the *Pro Caelio* at the University of Michigan, where I worked with Glenn Knudsvig in the elementary Latin program. Professor Knudsvig provided an invaluable model for me of what a Latin teacher should be. The commentary has also benefited greatly from the generous criticisms and suggestions I have received from Julia Haig Gaisser and James O'Donnell, the Latin editors of the Bryn Mawr Commentaries, and from the help Robin Sales provided in proofreading the text. My largest debt is to students in my second year Latin classes at Reed College. They endured earlier versions of the commentary, and by their questions and suggestions helped to make it more useful than it otherwise would have been. Their willingness to take Cicero seriously (and humorously) has made teaching the *Pro Caelio* a rewarding experience. Finally, thanks to Mary, Francesca, and Molly for their constant support.